APRENDA TERRAFORM

Automatize Infraestrutura
Multi-Cloud com Escalabilidade

Diego Rodrigues

APRENDA TERRAFORM
Automatize Infraestrutura
Multi-Cloud com Escalabilidade

Edição 2025

Autor: Diego Rodrigues

studiod21portoalegre@gmail.com

Nota Importante

Os códigos e scripts apresentados neste livro têm como principal objetivo ilustrar, de forma prática, os conceitos discutidos ao longo dos capítulos. Foram desenvolvidos para demonstrar aplicações didáticas em ambientes controlados, podendo, portanto, exigir adaptações para funcionar corretamente em contextos distintos. É responsabilidade do leitor validar as configurações específicas do seu ambiente de desenvolvimento antes da implementação prática.

Mais do que fornecer soluções prontas, este livro busca incentivar uma compreensão sólida dos fundamentos abordados, promovendo o pensamento crítico e a autonomia técnica. Os exemplos apresentados devem ser vistos como pontos de partida para que o leitor desenvolva suas próprias soluções, originais e adaptadas às demandas reais de sua carreira ou projetos. A verdadeira competência técnica surge da capacidade de internalizar os princípios essenciais e aplicá-los de forma criativa, estratégica e transformadora.

Estimulamos, portanto, que cada leitor vá além da simples reprodução dos exemplos, utilizando este conteúdo como base para construir códigos e scripts com identidade própria, capazes de gerar impacto significativo em sua trajetória profissional. Esse é o espírito do conhecimento aplicado: aprender profundamente para inovar com propósito.

Agradecemos pela confiança e desejamos uma jornada de estudo produtiva e inspiradora.

ÍNDICE

SAUDAÇÕES

É com grande entusiasmo que o recebo para uma imersão no universo do Terraform, uma das ferramentas mais transformadoras do cenário de infraestrutura como código. Sua decisão de explorar este tema demonstra não apenas curiosidade técnica, mas também uma postura estratégica diante das demandas atuais do mercado — onde automação, escalabilidade e governança se tornaram requisitos essenciais para qualquer operação digital competitiva.

Neste livro, você encontrará uma abordagem cuidadosamente elaborada para conduzi-lo do entendimento básico até a aplicação prática, cobrindo os pontos críticos que fazem a diferença em ambientes reais. O conteúdo foi desenvolvido para atender tanto profissionais em início de jornada quanto especialistas que desejam expandir suas competências, trazendo clareza e profundidade a cada etapa do aprendizado.

Cada capítulo foi construído com foco em três pilares fundamentais: precisão técnica, aplicabilidade prática e progressão didática. Você aprenderá desde a configuração inicial do Terraform, passando pela criação e gerenciamento de recursos em diferentes provedores de nuvem, integração com ferramentas como Kubernetes, Jenkins, Prometheus, Airflow e Ansible, até tópicos mais avançados como otimização de custos, modularização eficiente, estratégias multi-cloud e aplicação de boas práticas de segurança e compliance.

O que torna este livro especial não é apenas o conteúdo que ele entrega, mas a forma como ele foi estruturado: com atenção absoluta à clareza, à fluidez da leitura e ao impacto imediato no seu dia a dia. Cada seção foi desenhada para ser prática e aplicável, oferecendo não apenas conceitos e comandos, mas também exemplos reais, explicações detalhadas, cenários complexos traduzidos em soluções acessíveis e seções dedicadas à resolução de erros comuns, permitindo que você avance com confiança, segurança e controle técnico.

Ao se dedicar a esta leitura, você se coloca na vanguarda do movimento que vem redesenhando o papel da infraestrutura nas organizações. O domínio do Terraform vai muito além de provisionar máquinas virtuais, redes e bancos de dados: ele transforma a forma como as equipes colaboram, como as operações são escaladas e como as empresas respondem a desafios e oportunidades no mercado. Em um contexto em que agilidade, resiliência e eficiência se tornaram palavras de ordem, a capacidade de automatizar e gerenciar ambientes complexos com Terraform se traduz em vantagem competitiva real.

Este livro foi desenvolvido para ser um companheiro confiável, seja você um engenheiro de infraestrutura, um arquiteto de soluções, um analista de operações, um especialista em DevOps ou um profissional em transição de carreira buscando se posicionar em um cenário cada vez mais orientado à automação. Ele não se limita a ser um manual técnico — ele atua como um guia estratégico, ajudando você a entender como as decisões tomadas no código repercutem na operação, no negócio e, sobretudo, na inovação.

Prepare-se para embarcar em uma jornada que vai equipá-lo não apenas com comandos e scripts, mas com o entendimento necessário para transformar tecnologia em resultados concretos. O livro foi construído para ampliar sua visão, fortalecer sua competência técnica e proporcionar insights valiosos que poderão ser aplicados em projetos de qualquer porte e complexidade.

Dominar Terraform significa mais do que aprender uma ferramenta: significa adotar uma mentalidade moderna, voltada à entrega contínua, à qualidade e à inovação. Significa assumir um papel ativo na construção de operações digitais que não apenas funcionam, mas que geram impacto positivo, permitindo que organizações sejam mais ágeis, robustas e alinhadas às melhores práticas globais.

Agradeço por escolher este livro como seu aliado nessa jornada. Espero que, ao final da leitura, você não apenas tenha adquirido conhecimento técnico, mas também inspiração para desafiar padrões, melhorar processos e explorar novas possibilidades. Que esta leitura seja não apenas útil, mas também motivadora, e que ela marque um passo importante na sua trajetória profissional.

Seja muito bem-vindo e tenha uma leitura transformadora!

SOBRE O AUTOR

Diego Rodrigues
Autor Técnico e Pesquisador Independente
ORCID: https://orcid.org/0009-0006-2178-634X
StudioD21 Smart Tech Content & Intell Systems
E-mail: studiod21portoalegre@gmail.com
LinkedIn: linkedin.com/in/diegoxpertai

Autor técnico internacional (*tech writer*) com foco em produção estruturada de conhecimento aplicado. É fundador da StudioD21 Smart Tech Content & Intell Systems, onde lidera a criação de frameworks inteligentes e a publicação de livros técnicos didáticos e com suporte por inteligência artificial, como as séries Kali Linux Extreme, SMARTBOOKS D21, entre outras.

Detentor de 42 certificações internacionais emitidas por instituições como IBM, Google, Microsoft, AWS, Cisco, META, Ec-Council, Palo Alto e Universidade de Boston, atua nos campos de Inteligência Artificial, Machine Learning, Ciência de Dados, Big Data, Blockchain, Tecnologias de Conectividade, Ethical Hacking e Threat Intelligence.

Desde 2003, desenvolveu mais de 200 projetos técnicos para marcas no Brasil, EUA e México. Em 2024, consolidou-se como um dos maiores autores de livros técnicos da nova geração, com mais de 180 títulos publicados em seis idiomas. Seu trabalho tem como base o protocolo próprio de escrita técnica aplicada TECHWRITE 2.2, voltado à escalabilidade, precisão conceitual e aplicabilidade prática em ambientes profissionais.

APRESENTAÇÃO DO LIVRO

Vivemos em um cenário tecnológico em constante transformação, em que infraestrutura, operações e desenvolvimento estão cada vez mais integrados. Nesse ambiente dinâmico, a automação deixou de ser apenas uma tendência para se tornar um elemento estratégico indispensável — e Terraform ocupa uma posição central nesse movimento. Mais do que uma ferramenta, Terraform representa uma mudança de paradigma: ele redefine a maneira como provisionamos recursos, estruturamos ambientes, gerenciamos dependências e escalamos operações em nuvem.

Este livro foi concebido para oferecer uma formação progressiva, guiando o leitor por todas as etapas necessárias para operar infraestrutura como código com confiança e eficiência. Ele não apenas ensina comandos e sintaxe, mas constrói uma visão estratégica sobre como aplicar Terraform em contextos reais, alinhando práticas técnicas às demandas de negócios, segurança, custo e escalabilidade.

A estrutura do conteúdo foi desenhada com atenção à progressão lógica do aprendizado, partindo de bases sólidas e avançando de forma gradual para temas cada vez mais complexos. O ponto de partida introduz os conceitos essenciais que moldam o propósito e o funcionamento do Terraform, ajudando o leitor a entender não apenas "o que" fazer, mas "por que" fazer. Nos primeiros capítulos, o leitor encontrará uma introdução à ferramenta, aprendendo sobre o ecossistema, os benefícios de sua adoção, as possibilidades de integração e os impactos reais que ela gera nas operações.

Avançando no percurso, a obra mergulha na instalação, configuração do ambiente, primeiros comandos e nas boas práticas iniciais que garantem uma base robusta. Esse início prepara o terreno para a exploração de conceitos fundamentais — providers, resources, variables, outputs, modules e state — que compõem o esqueleto das operações com Terraform. A modularização eficiente, abordada em capítulos específicos, surge como um divisor de águas para projetos que crescem em tamanho e complexidade, tornando a manutenção previsível e a escalabilidade prática.

A partir daí, o leitor é conduzido para cenários reais de integração. Serão abordadas em profundidade as práticas de provisionamento em nuvens públicas como AWS, Google Cloud e Azure, permitindo ao leitor entender como aplicar a ferramenta em múltiplos contextos e arquiteturas. Esses capítulos oferecem exemplos detalhados de como provisionar máquinas virtuais, redes, bancos de dados, buckets, snapshots e clusters Kubernetes — sempre com um olhar atento à segurança, à performance e ao uso otimizado de recursos.

O livro avança então para tópicos indispensáveis do ecossistema moderno: integração com ferramentas como Jenkins, Ansible, Airflow, Prometheus, Grafana, MLflow e Helm, oferecendo uma visão ampla de como Terraform se encaixa em pipelines CI/CD, MLOps, observabilidade e automação de workflows. O leitor será apresentado não apenas à configuração dessas integrações, mas também à sua aplicação prática no dia a dia de operações reais.

Seguindo a proposta de entregar conteúdo robusto e aplicável, a obra dedica capítulos à segurança e compliance, discutindo policies, roles, validação, linting, proteção de dados sensíveis e práticas para atender a padrões corporativos e regulatórios. Em seguida, são abordadas práticas avançadas de diagnóstico e debug, com foco em logs, análise de falhas e ferramentas externas, preparando o leitor para lidar com incidentes e reduzir o tempo de resposta operacional.

Escalabilidade e performance aparecem como temas centrais na reta final do livro, discutindo tuning de scripts, gerenciamento paralelo, otimização de recursos e estratégias para ambientes complexos. Também são tratados tópicos relacionados à otimização de custos na nuvem, explorando análise de gastos, uso inteligente de tags e labels e aplicação de práticas que ajudam a alinhar operações com eficiência financeira.

O encerramento técnico do livro traz estudos de caso de projetos reais, incluindo arquiteturas multi-cloud e o projeto DataExtreme, que exemplificam a aplicação prática dos conceitos aprendidos, as armadilhas enfrentadas, as soluções adotadas e as lições extraídas desses desafios.

O conteúdo de cada capítulo foi desenvolvido segundo o protocolo TECHWRITE 2.3, assegurando clareza, rigor técnico e aplicabilidade imediata. Em todos eles, o leitor encontrará:

- conceitos essenciais,

- exemplos práticos validados,

- seções de resolução de erros comuns,

- boas práticas recomendadas,

- e um resumo estratégico que conecta técnica e propósito.

Independentemente do seu nível atual de experiência — seja você um iniciante curioso ou um profissional em busca de consolidação técnica — este livro foi construído para expandir suas capacidades. Ele não é apenas um repositório de comandos e exemplos: ele foi desenhado para ajudá-lo a desenvolver uma compreensão ampla, operacional e estratégica, capacitando-o a integrar o Terraform de forma madura e eficiente ao seu ambiente de trabalho.

Aqui, cada seção foi pensada para agregar valor real. Os exemplos não foram incluídos apenas como demonstração técnica, mas para ensinar a lógica por trás das decisões, mostrar as consequências práticas das configurações e antecipar problemas que surgem no uso cotidiano da ferramenta. O objetivo é permitir que você não apenas repita comandos, mas compreenda profundamente o funcionamento do Terraform e se torne capaz de adaptá-lo a contextos diversos.

O livro também funciona como um guia para formação de cultura técnica dentro de equipes. Ele traz fundamentos que ajudam a criar padrões, estabelecer governança, reduzir erros, acelerar entregas e aumentar a colaboração entre times de desenvolvimento, operações e segurança. É, portanto, uma obra pensada não apenas para o aprendizado individual, mas para gerar impacto coletivo, ajudando a elevar o padrão das operações como um todo.

Por fim, a obra convida o leitor a olhar para o futuro. À medida que o Terraform evolui, surgem novas integrações, novas práticas e novos desafios. A obra não se propõe a ser um ponto final, mas um ponto de partida para que você, leitor, esteja preparado para inovar, questionar, aprimorar processos e, sobretudo, transformar a tecnologia em um motor de resultados.

Você está prestes a embarcar em uma jornada que une profundidade técnica, propósito prático e visão estratégica. Que esta leitura não seja apenas uma passagem pelo universo do Terraform, mas uma experiência transformadora que amplie sua atuação profissional e fortaleça sua contribuição para os desafios do presente e do futuro.

Seja bem-vindo à construção de operações modernas, inteligentes e resilientes. Aqui, o Terraform é o meio — o impacto que você gera com ele será o verdadeiro diferencial.

CAPÍTULO 1. INTRODUÇÃO AO TERRAFORM

O Terraform é uma ferramenta robusta de infraestrutura como código (IaC), desenvolvida para permitir o provisionamento, gerenciamento e versionamento de infraestrutura de maneira eficiente, segura e reproduzível. Desde ambientes em nuvem até serviços locais, o Terraform oferece uma abordagem declarativa para descrever a configuração desejada, eliminando a necessidade de realizar tarefas manuais repetitivas. A essência do Terraform está em transformar infraestrutura em código que pode ser versionado, revisado, compartilhado e automatizado, promovendo consistência e reduzindo erros operacionais.

Infrastructure as Code (IaC) revolucionou a forma como equipes de tecnologia gerenciam seus ambientes, permitindo tratar a infraestrutura com a mesma disciplina que o código-fonte de aplicações. Essa abordagem garante que qualquer modificação na infraestrutura seja rastreável, revisável e, acima de tudo, replicável. Em vez de criar manualmente máquinas virtuais, redes ou bancos de dados, o profissional define essas estruturas em arquivos de configuração que o Terraform interpreta para realizar o provisionamento automático. Isso reduz drasticamente o tempo gasto em operações repetitivas e minimiza o risco de falhas humanas.

Os benefícios do Terraform vão muito além da automação básica. Ele possibilita:

- Consistência no provisionamento entre múltiplos ambientes, garantindo que desenvolvimento, homologação e produção sejam idênticos.

- Versionamento completo das configurações de infraestrutura, permitindo reverter facilmente para estados anteriores.

- Colaboração entre equipes, já que os arquivos de configuração podem ser compartilhados e revisados como qualquer outro artefato de código.

- Escalabilidade operacional, ao permitir gerenciar desde pequenas aplicações até arquiteturas empresariais complexas e multi-cloud.

- Integração com ferramentas de CI/CD para automação de pipelines de entrega contínua.

O ecossistema Terraform é amplo e bem consolidado. Ele se conecta a uma infinidade de provedores como AWS, Azure, Google Cloud, Kubernetes, VMware, entre outros, através de módulos chamados *providers*. Cada *provider* implementa a interface necessária para interagir com as APIs específicas das plataformas suportadas. Isso significa que, com um único conjunto de ferramentas e práticas, é possível gerenciar virtualmente qualquer tipo de recurso digital necessário para as operações de uma organização moderna.

Outro pilar fundamental do Terraform é seu modelo declarativo. Ao contrário de ferramentas que utilizam abordagens imperativas, no Terraform você descreve o estado desejado da infraestrutura, e o mecanismo interno determina automaticamente as ações necessárias para alcançá-lo. Isso simplifica operações como adição, atualização ou remoção de recursos, pois o usuário não precisa especificar detalhadamente como as mudanças serão aplicadas.

O processo de execução básico do Terraform segue o ciclo: *init*, *plan*, *apply* e *destroy*. A etapa *init* inicializa o projeto, baixando os plugins e módulos necessários. O comando *plan* gera um plano de execução mostrando quais alterações serão aplicadas, proporcionando previsibilidade e controle. O comando *apply* executa o plano gerado, aplicando as modificações na infraestrutura. Por fim, o comando *destroy* remove todos os recursos criados, útil para evitar custos desnecessários ou manter ambientes limpos.

Os casos de uso do Terraform são extensos. Ele é utilizado para provisionar clusters Kubernetes, servidores EC2 na AWS, máquinas virtuais no Azure, pipelines de dados no Google Cloud, redes privadas virtuais (VPCs), bancos de dados gerenciados, sistemas de armazenamento, aplicações serverless, ambientes de machine learning, entre outros. Além disso, organizações utilizam Terraform para implementar práticas avançadas de governança, controle de custos, compliance e segurança.

A configuração dos recursos é feita através de arquivos com extensão .tf, escritos na HashiCorp Configuration Language (HCL), uma linguagem simples, legível e poderosa. Um arquivo .tf pode descrever, por exemplo, o provisionamento de uma máquina virtual com suas características, a associação a uma rede específica, regras de firewall e outputs que serão utilizados em outras partes do projeto. Essa flexibilidade permite encapsular configurações em *modules*, promovendo reuso e modularização das definições, fundamentais em projetos de médio e grande porte.

O Terraform mantém um arquivo de *state*, que armazena o estado atual da infraestrutura. Esse arquivo permite que a ferramenta saiba exatamente quais recursos já existem, quais precisam ser atualizados e quais devem ser removidos. Esse mecanismo é essencial para evitar inconsistências e garantir que o ambiente reflita fielmente as definições do código. Quando se trabalha em equipe, é recomendável utilizar backends remotos para armazenar o *state*, garantindo bloqueios (locking) e evitando conflitos durante as execuções concorrentes.

No contexto das organizações modernas, a adoção do Terraform gera impactos significativos. Equipes de operações conseguem reduzir drasticamente o tempo de provisionamento, desenvolvedores ganham autonomia para criar ambientes temporários para testes, e o time de segurança passa a ter maior visibilidade e controle sobre a infraestrutura. Além disso, a integração com ferramentas como GitHub Actions, GitLab CI, Jenkins, Ansible e Prometheus permite construir pipelines sofisticados de automação, monitoramento e governança.

Um ponto relevante no ecossistema Terraform é o Terraform Cloud, uma oferta SaaS que fornece gerenciamento centralizado de *state*, execução remota, colaboração entre equipes, políticas de compliance e integração com fluxos GitOps. O Terraform Cloud elimina preocupações com infraestrutura de backend e permite escalar práticas de IaC em nível organizacional.

A adoção de boas práticas desde o início é fundamental. Recomenda-se:

- Modularizar configurações para evitar duplicação e facilitar o reuso.

- Utilizar variáveis para tornar os scripts flexíveis e reutilizáveis.

- Proteger o arquivo de *state*, especialmente quando contém informações sensíveis.

- Implementar revisão de código (code review) para alterações nas configurações.

- Automatizar o ciclo completo através de pipelines CI/CD.

Apesar da curva de aprendizado inicial, o Terraform proporciona ganhos consistentes ao longo do tempo. Ele reduz a dependência de scripts imperativos complexos, minimiza a chance de erros humanos e permite a padronização de ambientes, acelerando a jornada DevOps das organizações.

Entre os principais desafios enfrentados por novos usuários estão o entendimento do modelo declarativo, a organização eficiente do *state* e a criação de módulos bem estruturados. Esses aspectos serão explorados em profundidade ao longo dos próximos capítulos, garantindo uma evolução progressiva das práticas recomendadas.

Além disso, o Terraform promove um alinhamento cultural importante nas organizações. Ele incentiva o pensamento declarativo, a transparência nas mudanças e a colaboração entre diferentes perfis profissionais, como desenvolvedores, engenheiros de dados, analistas de segurança e arquitetos de nuvem. Essa sinergia fortalece a cultura DevOps e prepara o terreno para iniciativas mais avançadas, como automação inteligente, autoscaling dinâmico, observabilidade avançada e práticas de FinOps.

O Terraform também se destaca por sua capacidade de integração com ferramentas complementares. Por exemplo, combiná-lo com Ansible permite configurar máquinas provisionadas de forma detalhada, enquanto a integração com Helm facilita a implantação de aplicações Kubernetes. Já o uso conjunto com Prometheus e Grafana possibilita monitorar e visualizar métricas críticas de infraestrutura provisionada, criando um ecossistema robusto e coeso.

Outro diferencial do Terraform é sua comunidade ativa e vibrante. Existe uma vasta gama de módulos pré-construídos disponíveis no Terraform Registry, permitindo acelerar projetos e incorporar boas práticas consolidadas pela comunidade global. A comunidade também contribui com tutoriais, exemplos, discussões em fóruns e melhorias contínuas no core da ferramenta.

O uso do Terraform não se limita a grandes empresas ou projetos complexos. Pequenos times, startups e desenvolvedores individuais encontram nele uma solução poderosa para criar ambientes rápidos e consistentes, eliminando fricção no ciclo de desenvolvimento. Seja para criar um cluster Kubernetes local para testes, provisionar uma aplicação serverless na AWS, ou montar pipelines complexos em ambientes híbridos, o Terraform se adapta com flexibilidade às mais variadas necessidades.

Em um cenário de transformação digital acelerada, onde a agilidade é fator competitivo, o Terraform desponta como uma peça estratégica. Ele viabiliza a experimentação rápida, a escalabilidade sob demanda e a redução de custos operacionais, ao mesmo tempo em que fortalece os pilares de segurança e governança.

Resumo Estratégico

- O Terraform é uma ferramenta declarativa de Infrastructure as Code que transforma a maneira como as organizações provisionam, gerenciam e versionam infraestrutura.

- Ele oferece benefícios como consistência entre ambientes, versionamento de configurações, colaboração aprimorada, escalabilidade operacional e integração com CI/CD.

- Seu ecossistema inclui múltiplos providers, módulos reutilizáveis, mecanismos de state e integrações avançadas com ferramentas como Ansible, Helm, Prometheus, Grafana, Jenkins e Terraform Cloud.

- O modelo declarativo permite descrever o estado desejado da infraestrutura, cabendo ao Terraform calcular e aplicar as mudanças necessárias.

- Pequenas e grandes organizações encontram no Terraform uma solução adaptável, poderosa e indispensável para acelerar a jornada DevOps, promover eficiência operacional e garantir governança.

- A comunidade global do Terraform disponibiliza módulos prontos, boas práticas e suporte contínuo, permitindo que usuários iniciantes e avançados evoluam rapidamente no uso da ferramenta.

A partir deste ponto, avançaremos para a instalação do Terraform, configuração inicial e execução do primeiro comando, preparando o terreno para os próximos passos em direção à automação e orquestração de infraestrutura com excelência técnica.

CAPÍTULO 2. INSTALANDO O TERRAFORM

O primeiro passo para trabalhar com Terraform é garantir que ele esteja corretamente instalado e configurado no ambiente de trabalho. Embora a instalação do Terraform seja um processo relativamente simples, ela envolve alguns detalhes cruciais que garantem o funcionamento suave da ferramenta e evitam dores de cabeça futuras. Vamos explorar desde o download e instalação até o primeiro comando executado, abordando também os erros mais comuns enfrentados por iniciantes, boas práticas recomendadas e um resumo estratégico que conectará todos os pontos abordados.

Download e Instalação

O Terraform é distribuído como um binário único, o que simplifica imensamente sua instalação, já que não depende de pacotes complexos ou bibliotecas adicionais. Para realizar o download, acesse o site oficial do Terraform em https://www.terraform.io/downloads.html. Ali, você encontrará versões para diferentes sistemas operacionais, incluindo Windows, macOS, Linux e FreeBSD, bem como para arquiteturas 32-bit e 64-bit. Recomenda-se sempre baixar a versão mais recente, pois ela contém correções de segurança, novos recursos e melhorias de desempenho.

Depois de baixar o arquivo correspondente ao seu sistema operacional, descompacte o pacote ZIP ou TAR.GZ em uma pasta de sua preferência. O conteúdo será um único executável chamado terraform. Por padrão, ele não vem com instalador gráfico nem scripts de instalação, o que significa que o próximo passo é configurar manualmente o PATH do sistema para que o terminal reconheça o comando terraform de qualquer diretório.

No Windows, após descompactar o binário, mova-o para uma pasta apropriada, como C:\Terraform, ou mantenha-o na pasta extraída. Em seguida, abra o Painel de Controle → Sistema → Configurações Avançadas → Variáveis de Ambiente. Edite a variável Path e adicione o caminho completo onde o executável foi colocado. Clique em OK para confirmar.

No macOS e Linux, descompacte o binário em uma pasta como /usr/local/bin ou outra que já esteja no PATH. Se preferir usar uma pasta personalizada, por exemplo ~/terraform, será necessário adicionar essa pasta ao PATH manualmente, editando o arquivo de configuração do shell, como .bashrc, .bash_profile, .zshrc ou .profile, dependendo do shell utilizado. Um exemplo de comando para adicionar ao PATH é:

ruby

```
export PATH=$PATH:/caminho/para/terraform
```

Depois de editar e salvar o arquivo, execute source ~/.bashrc (ou o equivalente no seu shell) para recarregar as configurações.

Configuração no PATH

A configuração correta do PATH garante que o terminal reconheça o comando terraform em qualquer diretório. Um teste rápido para verificar se o PATH está corretamente configurado é abrir um novo terminal e digitar:

nginx

```
terraform -v
```

O terminal deverá exibir a versão instalada do Terraform. Se receber uma mensagem de erro dizendo que o comando não foi encontrado, isso indica que o PATH não foi corretamente configurado. Nesses casos, volte à etapa anterior, revise o caminho especificado e certifique-se de que está apontando diretamente para a pasta onde o executável se encontra.

Vale ressaltar que alterações no PATH feitas via terminal têm efeito apenas na sessão atual. Para torná-las permanentes, é fundamental incluí-las nos arquivos de configuração do shell, garantindo que persistam após reinicializações.

Primeiro Comando

Com o Terraform instalado e o PATH corretamente configurado, chega o momento de executar o primeiro comando para garantir que a ferramenta está operando conforme esperado. Crie uma pasta de testes em seu sistema, por exemplo terraform-teste, e dentro dela crie um arquivo chamado main.tf com o seguinte conteúdo básico:

nginx

```
terraform {
  required_version = ">= 1.0.0"
}
```

O arquivo define a versão mínima necessária do Terraform. No terminal, navegue até a pasta onde o arquivo foi criado e execute:

csharp

```
terraform init
```

O comando init inicializa o diretório de trabalho, baixa os

providers necessários e prepara o ambiente para execução. Você deverá ver mensagens indicando a inicialização bem-sucedida, incluindo downloads de plugins.

Em seguida, execute:

nginx

```
terraform plan
```

Gera um plano de execução, mostrando quais ações seriam realizadas (mesmo que, neste exemplo, não haja nenhuma mudança concreta). Finalmente, execute:

nginx

```
terraform apply
```

O comando aplica as mudanças descritas no arquivo de configuração. No exemplo atual, como não há recursos definidos, o Terraform apenas confirmará que nada foi alterado.

Parabéns: você realizou a instalação, configuração e execução do primeiro ciclo básico do Terraform.

Resolução de Erros Comuns

Erro: O comando 'terraform' não é reconhecido no terminal.
Solução: Verifique se o PATH foi corretamente configurado. Certifique-se de que o caminho especificado aponta diretamente para a pasta onde o executável terraform está localizado e que as alterações no PATH foram aplicadas corretamente.

Erro: Permissão negada ao executar o binário no Linux ou macOS.
Solução: Garanta que o arquivo tenha permissões de execução. Use o comando chmod +x terraform no diretório onde o binário está localizado para torná-lo executável.

Erro: Conflito de versões entre Terraform e providers.

Solução: Verifique o bloco required_version no arquivo main.tf e certifique-se de que ele corresponde à versão do Terraform instalada. Caso necessário, atualize a configuração ou baixe uma versão compatível.

Erro: Falha ao inicializar o backend durante o terraform init.
Solução: Revise as configurações do backend especificadas no arquivo de configuração. Garanta que as credenciais de acesso (por exemplo, AWS, Azure, GCP) estejam corretas e que os recursos remotos existam.

Erro: Falha de conexão com a internet durante o download de providers.
Solução: Confirme que a máquina está conectada à internet e que não há bloqueios de firewall ou proxy impedindo o download. Caso esteja atrás de um proxy, configure as variáveis de ambiente HTTP_PROXY e HTTPS_PROXY.

Boas Práticas

- Sempre utilize a versão mais recente do Terraform, a menos que precise de compatibilidade específica.

- Mantenha as configurações versionadas em um sistema de controle de versão como Git.

- Modularize suas configurações desde o início, separando recursos em módulos reutilizáveis.

- Utilize variáveis para tornar as definições mais flexíveis e adaptáveis a diferentes ambientes.

- Proteja o arquivo terraform.tfstate usando backends remotos com bloqueio habilitado, evitando corrupção de estado em ambientes colaborativos.

Resumo Estratégico

Instalar o Terraform corretamente é o primeiro passo para desbloquear todo o seu potencial na automação e gerenciamento de infraestrutura. O processo começa com o download do binário no site oficial, seguido pela descompactação e configuração do PATH, garantindo que o terminal reconheça o comando terraform. Uma vez concluída essa etapa, o primeiro ciclo de comandos (init, plan, apply) serve como verificação prática de que a ferramenta está operando corretamente.

Os erros mais comuns enfrentados durante a instalação geralmente estão relacionados a configurações de PATH, permissões, conflitos de versão e problemas de conectividade com a internet. Conhecer essas falhas e suas soluções permite economizar horas de frustração e acelerar a adoção da ferramenta. Além disso, a adoção de boas práticas, como modularização, versionamento, uso de variáveis, automação com CI/CD e revisão de código, garante que os projetos Terraform cresçam de forma sustentável e segura.

A instalação correta do Terraform não é apenas uma etapa técnica, mas também um marco cultural. Ela sinaliza a adoção de práticas modernas de infraestrutura como código, fortalecendo a colaboração entre times, aumentando a previsibilidade das mudanças e promovendo a excelência operacional. Ao dominar essa base, você estará pronto para avançar para desafios mais complexos, como gerenciamento multi-cloud, integração com pipelines DevOps e implementação de estratégias avançadas de governança e segurança.

CAPÍTULO 3. CONCEITOS FUNDAMENTAIS

O Terraform é muito mais do que apenas uma ferramenta de automação: ele é um ecossistema completo para definir, provisionar e gerenciar infraestrutura de forma declarativa. Para utilizá-lo com eficiência, é essencial compreender seus conceitos fundamentais. Nesta etapa, exploraremos os elementos que formam a base do Terraform — providers, resources, variables, outputs, modules e state — e como todos esses blocos se encaixam no ciclo básico de execução. Também trataremos dos erros mais comuns que surgem nessa fase e das boas práticas que garantem a longevidade e a escalabilidade de projetos Terraform. Por fim, apresentaremos um resumo estratégico que conecta esses aprendizados ao objetivo de construir ambientes confiáveis e replicáveis.

Providers, Resources, Variables, Outputs

Providers são os componentes que permitem ao Terraform interagir com serviços externos. Um provider é responsável por gerenciar a comunicação com a API de um determinado serviço, como AWS, Azure, Google Cloud, Kubernetes, VMware, GitHub, Cloudflare, entre muitos outros. Ao adicionar um provider no arquivo de configuração, o Terraform baixa automaticamente o plugin correspondente durante a inicialização com terraform init. Por exemplo, para utilizar a AWS, basta declarar no arquivo .tf:

nginx

```
provider "aws" {
```

```
  region = "us-east-1"
}
```

Essa configuração informa ao Terraform que os recursos definidos no projeto usarão o provider AWS e, especificamente, a região us-east-1.

Resources são os blocos que descrevem os elementos reais que queremos criar e gerenciar — máquinas virtuais, redes, bancos de dados, buckets de armazenamento, regras de firewall, entre outros. Um resource segue o padrão:

nginx

```
resource "aws_instance" "example" {
  ami          = "ami-0c55b159cbfafe1f0"
  instance_type = "t2.micro"
}
```

Nesse exemplo, estamos criando uma máquina virtual EC2 na AWS com uma imagem especificada e um tipo de instância. O nome lógico example serve para referenciar o recurso em outras partes do código.

Variables fornecem uma maneira de parametrizar as configurações, tornando-as flexíveis e reutilizáveis. As variáveis permitem evitar a repetição de valores fixos no código, além de facilitar a adaptação para múltiplos ambientes. As variáveis podem ser definidas em arquivos separados (variables.tf), ou no mesmo arquivo de configuração, usando:

go

```
variable "instance_type" {
  type   = string
```

```
  default = "t2.micro"
}
```

No recurso, podemos referenciar a variável com var.instance_type. Isso torna fácil modificar o valor em diferentes contextos, usando arquivos .tfvars ou parâmetros na linha de comando.

Outputs servem para expor informações úteis geradas pelo Terraform após o provisionamento. Esses outputs podem incluir, por exemplo, o endereço IP de uma máquina criada, o endpoint de um balanceador de carga ou a URL de um bucket. Eles ajudam na integração com outras ferramentas e na comunicação entre módulos:

nginx

```
output "instance_ip" {
  value = aws_instance.example.public_ip
}
```

Ao executar terraform apply, o Terraform mostrará o valor do output no terminal, facilitando o acesso rápido a informações críticas.

Modules e State

Modules são coleções reutilizáveis de configurações Terraform agrupadas em diretórios. Eles permitem encapsular recursos relacionados, promovendo organização, modularidade e reutilização. Um module pode ser local (dentro do mesmo repositório), remoto (armazenado em um repositório Git, bucket ou registry) ou oficial (disponível no Terraform Registry).

Por exemplo, podemos criar um module chamado vpc que contém toda a lógica para criar uma VPC, subnets, gateways e tabelas de roteamento. Em nosso arquivo principal, referenciamos o module assim:

nginx

```
module "vpc" {
  source = "./modules/vpc"
  cidr_block = "10.0.0.0/16"
}
```

Isso torna os projetos mais organizados e facilita a manutenção, pois alterações nos módulos afetam todas as instâncias onde são usados.

State é o arquivo que armazena o estado atual da infraestrutura gerenciada pelo Terraform. Ele contém um mapeamento detalhado entre os recursos definidos nos arquivos .tf e os recursos reais no provedor de nuvem. Esse arquivo, chamado terraform.tfstate, permite ao Terraform saber o que precisa ser criado, atualizado ou destruído.

O gerenciamento correto do state é crítico, especialmente em equipes. É recomendado utilizar backends remotos, como o Terraform Cloud, S3 com DynamoDB (AWS) ou Google Cloud Storage, para armazenar o state com segurança, evitar corrupção e habilitar bloqueio de operações simultâneas.

Execução do Ciclo Básico

O ciclo básico do Terraform envolve quatro comandos principais:

1. **terraform init** → Inicializa o projeto, baixa os providers e prepara o ambiente.

2. **terraform plan** → Gera um plano de execução, mostrando as ações que serão tomadas.

3. **terraform apply** → Aplica as mudanças no ambiente, conforme o plano gerado.

4. **terraform destroy** → Desfaz a infraestrutura provisionada, útil para limpar ambientes.

O ciclo garante previsibilidade e controle sobre as mudanças. O plan ajuda a validar o que será alterado antes de aplicar, enquanto o destroy permite eliminar recursos que não são mais necessários.

Exemplo de ciclo completo:

csharp

```
terraform init
terraform plan -out=tfplan
terraform apply tfplan
terraform destroy
```

Resolução de Erros Comuns

Erro: Provider não encontrado ou falha no download.
Solução: Execute terraform init novamente para forçar o download dos plugins. Verifique sua conexão com a internet e o arquivo de configuração.

Erro: Sintaxe inválida nos arquivos .tf.
Solução: Use terraform validate para identificar e corrigir problemas de sintaxe. Verifique também chaves, colchetes e indentação.

Erro: Valor de variável não definido.
Solução: Garanta que todas as variáveis obrigatórias estejam definidas, seja no código, no arquivo .tfvars ou como parâmetro de linha de comando com -var.

Erro: Estado corrompido ou inconsistente.

Solução: Faça backup do arquivo terraform.tfstate. Se necessário, utilize terraform state para manipular diretamente o state, removendo entradas inválidas.

Erro: Bloqueio de state em backend remoto.

Solução: Verifique se outro usuário ou pipeline está executando uma operação. Caso o bloqueio persista, use os comandos de desbloqueio oferecidos pelo backend, como terraform force-unlock.

Boas Práticas

- Modularize a infraestrutura em pequenos componentes reutilizáveis, reduzindo acoplamento e aumentando a manutenibilidade.

- Use nomes claros e consistentes para recursos, módulos, variáveis e outputs.

- Mantenha todos os arquivos versionados em Git, garantindo rastreabilidade e histórico das mudanças.

- Separe ambientes (desenvolvimento, homologação, produção) em workspaces ou diretórios distintos.

- Utilize arquivos .tfvars para armazenar valores específicos de cada ambiente.

Resumo Estratégico

Os conceitos fundamentais do Terraform formam a espinha dorsal de qualquer projeto de infraestrutura como código. Entender providers, resources, variables, outputs, modules e state é essencial para aproveitar plenamente as capacidades da ferramenta. Os providers conectam o Terraform ao mundo externo, os resources definem o que será gerenciado, as variables e outputs trazem flexibilidade e visibilidade, os modules permitem organização e reuso, e o state garante que tudo esteja alinhado entre código e realidade.

Entender o ciclo de execução básico — init, plan, apply, destroy — dá ao usuário o controle necessário para operar com confiança em qualquer ambiente. Os erros mais comuns podem ser solucionados rapidamente com as abordagens certas, evitando desperdício de tempo e prevenindo falhas críticas. As boas práticas garantem que o código se mantenha limpo, organizado e pronto para escalar.

Além da técnica, esses conceitos têm um impacto cultural profundo. Eles fomentam a colaboração entre desenvolvedores, engenheiros de operações e arquitetos, promovem transparência nas mudanças e incentivam uma mentalidade de automação e melhoria contínua.

CAPÍTULO 4. PRIMEIRO SCRIPT TERRAFORM

O primeiro contato prático com o Terraform geralmente acontece quando criamos nosso próprio script .tf. Esse momento marca a transição entre o aprendizado conceitual e a execução real, onde entendemos como transformar código em infraestrutura funcional. Escrever, validar e aplicar um script corretamente não apenas consolida a teoria aprendida, mas também revela nuances importantes sobre a ferramenta. Exploraremos a estrutura básica de um arquivo .tf, a execução do ciclo completo init/plan/apply/destroy, o processo de validação do script, os erros comuns enfrentados e as boas práticas recomendadas. Ao final, um resumo estratégico conectará os pontos para garantir que você avance com confiança nos próximos desafios.

Estrutura .tf

O Terraform utiliza arquivos com extensão .tf para definir sua infraestrutura como código. Esses arquivos são escritos na HashiCorp Configuration Language (HCL), uma linguagem declarativa, fácil de ler, modular e flexível. A estrutura básica de um arquivo .tf inclui, geralmente, os seguintes blocos:

1. **provider** → Especifica o provedor de infraestrutura a ser utilizado, como AWS, Azure, Google Cloud ou outros.

2. **resource** → Define os recursos a serem criados, modificados ou destruídos. Pode ser uma máquina

virtual, banco de dados, rede, balanceador de carga etc.

3. **variable** → Declara variáveis reutilizáveis para parametrizar o código, tornando-o dinâmico e adaptável a diferentes ambientes.

4. **output** → Expõe informações relevantes após o provisionamento, como IPs, nomes de recurso, URLs.

5. **module** → Reúne blocos de código reutilizáveis, permitindo a organização e padronização das configurações.

Um exemplo básico de arquivo .tf seria:

nginx

```
provider "aws" {
  region = "us-east-1"
}


resource "aws_instance" "web" {
  ami         = "ami-0c55b159cbfafe1f0"
  instance_type = "t2.micro"
}


output "instance_ip" {
  value = aws_instance.web.public_ip
}
```

O script instrui o Terraform a usar o provider AWS, criar uma máquina virtual EC2 com uma imagem e tipo de instância definidos, e exibir o endereço IP público como output.

init/plan/apply/destroy

Com o script pronto, inicia-se o ciclo clássico de execução no Terraform:

1. **terraform init**
   Inicializa o diretório de trabalho. Esse comando baixa os plugins necessários, configura o backend e prepara o ambiente para operação. Ele deve ser executado sempre que um novo projeto é criado ou quando há mudanças nos providers e módulos.

2. **terraform plan**
   Gera um plano de execução, mostrando todas as ações que serão tomadas para alinhar o estado atual com o desejado. Esse comando não modifica nada na infraestrutura real, apenas exibe o que será feito.

3. **terraform apply**
   Aplica as mudanças descritas no plano. Esse comando provisiona, atualiza ou destrói recursos na nuvem conforme especificado no script. Antes de executar, o Terraform solicita confirmação, garantindo que nenhuma mudança inesperada ocorra.

4. **terraform destroy**
   Destrói todos os recursos gerenciados pelo Terraform naquele diretório. Esse comando é útil para limpar ambientes temporários e evitar custos desnecessários.

Um ciclo em prática:

csharp

```
terraform init
```

```
terraform plan -out=tfplan
terraform apply tfplan
terraform destroy
```

O fluxo reforça a técnica de prever mudanças antes de aplicá-las, reduzindo o risco de erros.

Validação do Script

Validar o script antes de executar operações destrutivas é uma etapa crítica. O Terraform oferece o comando:

nginx

```
terraform validate
```

O comando verifica se a sintaxe dos arquivos .tf está correta e se os blocos estão organizados conforme esperado. Ele não avalia a lógica do script nem interage com os provedores, mas é eficaz para detectar erros de estrutura.

Além do validate, usar:

bash

```
terraform fmt
```

padroniza a formatação do código, garantindo legibilidade e consistência entre os arquivos. Essa prática é especialmente importante em equipes, pois reduz divergências durante revisões de código.

Para validar a lógica e verificar dependências, utilize o terraform plan. Ele permite simular a execução e identificar gaps antes de realizar mudanças no ambiente real.

Resolução de Erros Comuns

Erro: Comando 'terraform init' falhou devido a problemas no

provider.

Solução: Verifique a configuração do bloco provider. Confirme se a versão está disponível e se há conectividade de rede. Execute terraform init novamente após corrigir o problema.

Erro: Falha de sintaxe no arquivo .tf.

Solução: Execute terraform validate e corrija os trechos indicados. Preste atenção a chaves, colchetes, aspas e indentação.

Erro: Valores obrigatórios de variável não definidos.

Solução: Defina variáveis obrigatórias usando arquivos .tfvars ou passando valores via linha de comando com -var. Confira se as variáveis foram declaradas corretamente.

Erro: Dependências implícitas não reconhecidas.

Solução: Use depends_on no resource afetado para garantir a ordem correta de execução.

Erro: Execução falha devido a permissões insuficientes.

Solução: Revise as credenciais usadas no provider. Garanta que as credenciais tenham permissões para criar, modificar e excluir os recursos desejados.

Boas Práticas

- Mantenha os arquivos .tf organizados por funcionalidade, por exemplo, network.tf, compute.tf, outputs.tf.

- Use variáveis para parametrizar valores sensíveis e dinâmicos.

- Inclua outputs apenas quando forem realmente necessários para integração com outros sistemas.

- Utilize o comando terraform fmt regularmente para manter a consistência do código.

- Armazene o arquivo terraform.tfstate em backends remotos com bloqueio habilitado, especialmente em ambientes colaborativos.

Resumo Estratégico

Escrever e aplicar o primeiro script Terraform é um marco essencial no aprendizado da ferramenta. Ele transforma conceitos em prática, consolidando o entendimento sobre providers, resources, variables e outputs. A estruturação correta do arquivo .tf, combinada com o ciclo disciplinado init/plan/apply/destroy, estabelece uma base sólida para qualquer projeto de infraestrutura como código.

A validação do script, tanto em nível de sintaxe (validate) quanto de lógica (plan), reduz drasticamente a ocorrência de erros e promove confiança nas operações. Ao enfrentar erros comuns com soluções precisas, o usuário desenvolve resiliência e aprimora sua capacidade de troubleshooting — habilidade fundamental no universo DevOps.

As boas práticas ampliam a maturidade dos projetos Terraform, tornando-os mais legíveis, seguros, escaláveis e alinhados às demandas corporativas. Com a adoção de padrões claros, modularização e versionamento, as equipes conseguem evoluir com agilidade, mantendo a qualidade e a previsibilidade.

Além da dimensão técnica, o primeiro script Terraform abre portas para uma mudança cultural importante: ele insere o profissional em um ecossistema onde a infraestrutura é tratada como código, reforçando princípios de automação, rastreabilidade e melhoria contínua. Esse alinhamento não só aumenta a eficiência operacional, mas também prepara o terreno para iniciativas avançadas como GitOps, FinOps, segurança como código e engenharia de plataforma.

CAPÍTULO 5. VARIÁVEIS E OUTPUTS

O uso de variáveis e outputs no Terraform é um divisor de águas entre scripts simples e soluções verdadeiramente escaláveis e reutilizáveis. Quando bem aplicados, esses dois elementos tornam o código dinâmico, adaptável a diferentes ambientes e muito mais fácil de manter. Este módulo detalha os tipos de variáveis disponíveis, a construção de outputs reutilizáveis, o uso de arquivos externos para separar configurações e os erros comuns relacionados a essas práticas. Também apresentaremos boas práticas para garantir consistência e segurança e, ao final, um resumo estratégico que conecta todo esse conhecimento com a realidade de projetos profissionais.

Tipos de Variáveis

As variáveis no Terraform permitem parametrizar valores, eliminando hardcoding e tornando os scripts mais flexíveis. Elas são declaradas no bloco variable, geralmente em um arquivo separado como variables.tf, embora possam ser colocadas diretamente no arquivo principal .tf. As variáveis podem receber valores de arquivos .tfvars, da linha de comando ou de variáveis de ambiente.

Os principais tipos de variáveis no Terraform são:

String:

É o tipo mais simples, representando valores de texto.

go

```
variable "region" {
```

```
  type    = string
  default = "us-east-1"
}
```

Number:

Representa valores numéricos, como quantidade de instâncias ou tamanhos de disco.

typescript

```
variable "instance_count" {
  type    = number
  default = 2
}
```

Bool:

Armazena valores booleanos, true ou false, úteis para ativar ou desativar recursos condicionais.

go

```
variable "enable_monitoring" {
  type    = bool
  default = true
}
```

List:

Armazena uma sequência ordenada de valores, geralmente do mesmo tipo.

go

```
variable "availability_zones" {
  type    = list(string)
  default = ["us-east-1a", "us-east-1b"]
}
```

Map:

Armazena pares chave-valor, permitindo configurar múltiplos atributos relacionados.

go

```
variable "tags" {
  type = map(string)
  default = {
    environment = "dev"
    owner       = "team"
  }
}
```

Object:

Armazena estruturas mais complexas, compostas por múltiplos atributos com tipos distintos.

typescript

```
variable "instance_config" {
  type = object({
    instance_type = string
    disk_size     = number
  })
```

```
  default = {
    instance_type = "t2.micro"
    disk_size   = 30
  }
}
```

Any:

Aceita qualquer tipo de valor. Seu uso deve ser moderado, pois reduz a validação estática.

python

```
variable "dynamic_value" {
  type = any
}
```

Declaração de variáveis no código principal:

java

```
resource "aws_instance" "web" {
  ami        = var.ami_id
  instance_type = var.instance_type
}
```

Outputs Reutilizáveis

Os outputs são essenciais para expor informações úteis do Terraform, seja para os usuários, seja para outros módulos ou ferramentas externas. Eles ajudam a tornar os scripts mais interoperáveis e melhoram a integração entre diferentes camadas da infraestrutura.

Um output é declarado assim:

nginx

```
output "instance_ip" {
  value = aws_instance.web.public_ip
}
```

Outputs podem ser consumidos em scripts externos ou exibidos diretamente no terminal após o terraform apply. Quando usados em módulos, eles podem ser referenciados pelo código principal:

lua

```
module "webserver" {
  source = "./modules/webserver"
}


output "webserver_ip" {
  value = module.webserver.instance_ip
}
```

Os outputs também são úteis em pipelines CI/CD, onde o resultado de uma execução Terraform pode ser usado por etapas subsequentes, como configurar um DNS, atualizar um monitoramento ou disparar deploys de aplicações.

Melhores práticas para outputs:

- Expor apenas o necessário, evitando vazar dados sensíveis.

- Dar nomes claros e descritivos.

- Documentar a finalidade de cada output no código.

- Usar sensitive = true para outputs que contêm informações confidenciais.

Variáveis em Arquivos Externos

Gerenciar variáveis diretamente no código principal pode rapidamente se tornar caótico. Para resolver isso, o Terraform permite o uso de arquivos .tfvars para armazenar valores separados por ambiente, tornando o processo organizado e fácil de manter.

Exemplo de variables.tf:

go

```go
variable "region" {
  type = string
}
```

dev.tfvars:

ini

```ini
region = "us-east-1"
```

Execução com o arquivo de variáveis externo:

csharp

```csharp
terraform apply -var-file=dev.tfvars
```

Essa abordagem oferece diversos benefícios:

- Facilita a troca entre ambientes (dev, staging, prod).

- Centraliza configurações dinâmicas.

- Reduz riscos de alterações manuais em arquivos de código.

- Permite versionar valores separados do código principal.

Além dos .tfvars, é possível passar variáveis diretamente na linha de comando:

csharp

```
terraform apply -var="region=us-east-1"
```

Ou via variáveis de ambiente:

arduino

```
export TF_VAR_region=us-east-1
```

Resolução de Erros Comuns

Erro: Valor obrigatório de variável não definido.
Solução: Certifique-se de definir todas as variáveis obrigatórias no código, no .tfvars ou como parâmetro na linha de comando.

Erro: Tipo incompatível atribuído à variável.
Solução: Verifique se o valor fornecido corresponde ao tipo esperado (string, number, bool, list, map). Corrija no arquivo .tfvars ou na linha de comando.

Erro: Output referenciando recurso inexistente.
Solução: Confirme que o resource referenciado no output existe e está corretamente nomeado. Execute terraform validate para ajudar na detecção.

Erro: Variável definida em múltiplos lugares com valores conflitantes.

Solução: Priorize a ordem de definição — linha de comando sobrescreve .tfvars, que sobrescreve valores padrão no código. Escolha um único local para definir variáveis críticas.

Erro: Falha ao interpolar outputs entre módulos.
Solução: Assegure-se de expor corretamente os outputs nos módulos e referenciá-los no código principal usando module.<name>.<output>.

Boas Práticas

- Sempre defina variáveis em arquivos separados (variables.tf) para manter o código organizado.

- Use .tfvars para armazenar valores específicos por ambiente.

- Prefira nomes descritivos para variáveis e outputs, evitando abreviações obscuras.

- Adicione descrições (description) nas declarações de variáveis para facilitar a manutenção.

- Evite hardcoding de valores sensíveis no código; utilize variáveis de ambiente ou soluções como HashiCorp Vault.

Resumo Estratégico

As variáveis e outputs são pilares fundamentais para transformar scripts Terraform simples em soluções profissionais e escaláveis. As variáveis permitem criar código dinâmico, flexível e adaptável a diferentes contextos, enquanto os outputs expõem dados essenciais para integração, monitoramento e automação. Juntos, esses dois elementos formam a base para implementar práticas avançadas como modularização, reutilização de código, integração com pipelines CI/CD e controle de múltiplos ambientes.

Os tipos de variáveis — string, number, bool, list, map, object, any — oferecem uma gama poderosa de possibilidades, permitindo lidar desde configurações básicas até estruturas complexas. Já os outputs, quando bem planejados, tornam-se ferramentas estratégicas para conectar componentes, compartilhar dados entre módulos e alimentar processos externos.

A utilização de arquivos externos .tfvars eleva ainda mais a maturidade do projeto, proporcionando separação limpa entre código e configuração e permitindo alternância rápida entre ambientes. Essa abordagem reduz riscos, aumenta a previsibilidade e torna o gerenciamento de infraestrutura mais eficiente.

CAPÍTULO 6. MODULES NO TERRAFORM

A utilização de *modules* no Terraform representa um avanço decisivo em maturidade técnica e organização de projetos de infraestrutura como código. Um *module* é, essencialmente, um contêiner de recursos Terraform reutilizáveis, projetado para ser referenciado em múltiplos locais com diferentes parâmetros, mantendo consistência, escalabilidade e redução de duplicações. Ao adotar modules, é possível transformar configurações complexas em componentes reaproveitáveis e isolados, promovendo padronização entre ambientes e equipes.

Criação de Modules

Um *module* no Terraform é uma coleção de arquivos .tf agrupados em um diretório, que define um conjunto de recursos e pode ser parametrizado por variáveis. A criação de um module começa com a identificação de uma funcionalidade que será usada em múltiplos pontos do projeto — por exemplo, a criação de uma VPC, um grupo de segurança ou um conjunto de instâncias EC2.

Para estruturar um module, geralmente criamos três arquivos principais dentro de um diretório:

- main.tf – onde os recursos são declarados.

- variables.tf – onde definimos as variáveis esperadas.

- outputs.tf – onde especificamos os valores que serão expostos pelo module.

Por exemplo, um module para criar uma instância EC2 pode ter o seguinte conteúdo:

main.tf:

java

```
resource "aws_instance" "this" {
  ami        = var.ami
  instance_type = var.instance_type
  tags = {
    Name = var.instance_name
  }
}
```

variables.tf:

go

```
variable "ami" {
  description = "AMI ID to use for the instance"
  type      = string
}


variable "instance_type" {
  description = "Type of instance"
  type      = string
  default   = "t2.micro"
}
```

```
variable "instance_name" {
  description = "Name tag for the instance"
  type     = string
}
```

outputs.tf:

kotlin

```
output "public_ip" {
  value = aws_instance.this.public_ip
}
```

Uma vez criado, esse module pode ser utilizado em qualquer projeto principal como um bloco module:

nginx

```
module "webserver" {
  source      = "./modules/ec2_instance"
  ami        = "ami-0c55b159cbfafe1f0"
  instance_type = "t2.small"
  instance_name = "web-1"
}
```

A instrução source pode apontar para um caminho local, um repositório Git, um bucket remoto ou um module público do Terraform Registry. Essa flexibilidade permite que modules sejam compartilhados, versionados e distribuídos amplamente entre projetos e equipes.

Reuso entre Projetos

A principal vantagem dos *modules* é o reuso. Ao encapsular blocos lógicos de infraestrutura, é possível aplicar padrões consistentes em diferentes projetos e ambientes. Isso elimina a necessidade de copiar e colar configurações, facilita a manutenção e evita divergências técnicas.

O reuso pode ser feito de duas formas:

Modules locais:

São armazenados no mesmo repositório ou estrutura de pastas do projeto atual. Úteis durante o desenvolvimento ou quando o module não será compartilhado externamente.

nginx

```
module "sg_web" {
  source = "./modules/security_group_web"
  vpc_id = "vpc-123456"
}
```

Modules remotos:

São armazenados em repositórios Git, buckets S3 ou no Terraform Registry. Permitem controle de versão explícito e são ideais para times distribuídos.

nginx

```
module "vpc_shared" {
  source = "git::https://github.com/empresa/terraform-modules.git//vpc"
  version = "v1.2.0"
}
```

O uso de versionamento em modules remotos é essencial. Ele evita que mudanças em tempo real impactem múltiplos projetos simultaneamente. A cada alteração no module, uma nova versão é publicada, e cada projeto decide quando adotá-la.

Benefícios do reuso entre projetos:

- Redução de retrabalho.

- Padronização de configurações.

- Aplicação de boas práticas centralizadas.

- Facilidade de auditoria e governança.

- Maior agilidade para novos times e ambientes.

Exemplo Prático

Vamos construir um exemplo que utiliza um *module* local para provisionar uma instância EC2 com tags e saída de IP público.

1. Estrutura de pastas:

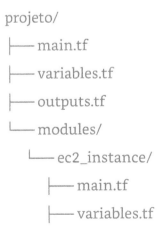

```
projeto/
├── main.tf
├── variables.tf
├── outputs.tf
└── modules/
    └── ec2_instance/
        ├── main.tf
        ├── variables.tf
```

└── outputs.tf

2. Conteúdo do módulo (modules/ec2_instance/)

main.tf:

java

```
resource "aws_instance" "this" {
  ami          = var.ami
  instance_type = var.instance_type

  tags = {
    Name = var.name
    Environment = var.environment
  }
}
```

variables.tf:

go

```
variable "ami" {
  type = string
}

variable "instance_type" {
  type    = string
  default = "t2.micro"
}
```

```
variable "name" {
  type = string
}
```

```
variable "environment" {
  type = string
}
```

outputs.tf:

kotlin

```
output "instance_ip" {
  value = aws_instance.this.public_ip
}
```

3. Código principal do projeto

main.tf:

nginx

```
provider "aws" {
  region = "us-east-1"
}
```

```
module "web_instance" {
  source    = "./modules/ec2_instance"
  ami       = "ami-0c55b159cbfafe1f0"
```

```
instance_type = "t2.small"
name       = "web-terraform"
environment  = "dev"
}
```

outputs.tf:

lua

```
output "web_ip" {
  value = module.web_instance.instance_ip
}
```

Ao executar terraform init, terraform plan e terraform apply, o Terraform criará uma instância EC2 utilizando o module, e exibirá o IP público na saída. O mesmo module pode ser reutilizado em outro projeto ou para criar múltiplas instâncias com configurações diferentes.

Resolução de Erros Comuns

Erro: Caminho do module inválido no parâmetro source.
Solução: Verifique se o caminho local está correto e acessível. Para modules remotos, revise a URL, formatação de subdiretórios e autenticação.

Erro: Variável esperada não foi atribuída no bloco module.
Solução: Consulte o variables.tf do módulo e forneça todos os parâmetros obrigatórios no bloco module.

Erro: Output do módulo não pode ser resolvido.
Solução: Confirme se o output está declarado corretamente em outputs.tf dentro do módulo. Verifique também se a referência module.<name>.<output> está correta.

Erro: Nome de recurso colidindo dentro do módulo reutilizado. Solução: Mantenha nomes genéricos dentro do module e evite hardcoding. Use variáveis para nomes e tags.

Erro: Atualização inesperada em recurso ao reutilizar módulo. Solução: Controle versões do módulo com commits estáveis ou releases. Nunca referencie a branch main diretamente em produção.

Boas Práticas

- Crie modules pequenos, coesos e especializados em uma única função.

- Sempre defina variáveis com description, type e valores padrão quando apropriado.

- Utilize outputs para expor apenas o necessário, mantendo encapsulamento.

- Prefira modules versionados e armazenados em repositórios Git ou Terraform Registry.

- Documente cada módulo com um README.md explicando uso, entradas, saídas e exemplos.

Resumo Estratégico

O uso de *modules* no Terraform é uma das práticas mais eficazes para escalar infraestrutura com qualidade e consistência. Eles encapsulam lógicas recorrentes, promovem reutilização segura e permitem aplicar padrões técnicos amplamente em toda a organização. Ao separar a lógica de recursos em modules, equipes ganham agilidade, reduzem erros manuais e facilitam a manutenção contínua da infraestrutura.

A criação de modules exige técnica na definição de variáveis, outputs e estrutura dos arquivos. Quando bem implementados, podem ser reutilizados em múltiplos projetos e ambientes sem alterar uma única linha de código. A integração com repositórios Git e uso de versionamento fortalece ainda mais o controle de mudanças, permitindo atualizações controladas e previsíveis.

CAPÍTULO 7. GERENCIAMENTO DE STATE

O gerenciamento do *state* no Terraform é um dos pilares fundamentais para garantir a integridade, rastreabilidade e previsibilidade das operações de infraestrutura como código. O *state* é o coração do Terraform: ele armazena todas as informações sobre os recursos gerenciados, permitindo que a ferramenta saiba o que foi criado, alterado ou destruído, e possa calcular as próximas ações a serem executadas. Sem um gerenciamento adequado de *state*, projetos Terraform correm o risco de inconsistência, corrupção de ambiente, sobreposição de mudanças e até perda de infraestrutura crítica.

Local state vs. Remote state

Por padrão, o Terraform armazena o *state* em um arquivo chamado terraform.tfstate, localizado no diretório de trabalho onde os comandos são executados. É o chamado **local state**. Ele funciona bem para testes locais, pequenos projetos ou experimentação individual, mas apresenta várias limitações à medida que o projeto cresce.

Local state:

- Vantagens:

    - Simplicidade de configuração.

    - Rápido para testar pequenos códigos.

    - Nenhuma dependência externa.

- Desvantagens:

  o Vulnerável a perda de dados (em caso de falha do disco, exclusão acidental, corrupção).

  o Não possui bloqueio para evitar concorrência (dois usuários podem sobrescrever o arquivo ao mesmo tempo).

  o Dificulta colaboração em equipe.

  o Armazena informações sensíveis em disco local.

Remote state:

O remote state armazena o arquivo de estado em um backend remoto, como Amazon S3, Azure Blob Storage, Google Cloud Storage, Terraform Cloud, Consul, entre outros. Ele é essencial para projetos colaborativos, pois permite compartilhamento seguro do *state* entre membros da equipe e oferece mecanismos de bloqueio que evitam concorrência simultânea.

- Vantagens:

  o Permite colaboração entre múltiplos usuários.

  o Habilita locking para prevenir alterações simultâneas.

  o Facilita backups e recuperação de desastre.

  o Pode ser protegido com criptografia e políticas de acesso.

- Desvantagens:

○   Requer configuração adicional.

○   Depende de infraestrutura externa.

○   Pode ter custos operacionais dependendo do backend escolhido.

Em equipes e ambientes de produção, o uso de remote state não é apenas recomendado — ele é obrigatório para garantir integridade e governança.

Backends e Locking

O backend no Terraform é o mecanismo responsável por armazenar e gerenciar o *state*. Ele também define como as operações são executadas e onde os outputs são salvos. Entre os backends mais populares estão:

- **Amazon S3 + DynamoDB** → Um padrão consolidado no mundo AWS. O S3 armazena o arquivo terraform.tfstate, enquanto o DynamoDB fornece locking para evitar alterações simultâneas.

- **Azure Blob Storage** → Armazena o *state* no Azure e suporta locking nativo.

- **Google Cloud Storage (GCS)** → Backend do Google Cloud que oferece criptografia e controle de acesso detalhado.

- **Terraform Cloud** → Serviço oficial da HashiCorp, que oferece armazenamento de *state*, execução remota e colaboração avançada.

- **Consul** → Backend distribuído usado principalmente em arquiteturas multi-região e ambientes on-premises.

Um exemplo de configuração utilizando S3 com locking no DynamoDB:

nginx

```
terraform {
  backend "s3" {
    bucket       = "my-terraform-state"
    key          = "prod/terraform.tfstate"
    region       = "us-east-1"
    dynamodb_table = "terraform-lock"
    encrypt      = true
  }
}
```

O locking evita que múltiplos usuários apliquem mudanças ao mesmo tempo, prevenindo corrupção no *state*. Quando um usuário executa terraform apply, um lock é adquirido; enquanto isso, outros usuários que tentarem modificar o mesmo backend verão mensagens informando que o state está bloqueado, e precisarão aguardar ou cancelar suas operações.

Sem locking, a infraestrutura corre risco de ser sobrescrita, recursos duplicados ou deletados incorretamente, o que pode gerar custos financeiros e impactos operacionais graves.

Segurança do State

O arquivo terraform.tfstate armazena informações detalhadas sobre a infraestrutura, incluindo IDs de recursos, endpoints, chaves privadas, senhas, tokens e outros dados sensíveis. Por isso, sua segurança deve ser tratada com prioridade.

Práticas fundamentais para proteger o *state*:

1. **Criptografia** → Habilite criptografia no backend. S3, Azure Blob Storage e GCS oferecem criptografia nativa. No Terraform Cloud, ela já está ativada por padrão.

2. **Controle de acesso (IAM)** → Restringir quem pode ler e escrever no backend. Use políticas granulares, concedendo permissões mínimas necessárias.

3. **Evitar versionamento local** → Não envie arquivos terraform.tfstate para repositórios Git. Adicione terraform.tfstate e *.tfstate.backup no .gitignore.

4. **Rotina de backups** → Configure backups automáticos no backend para permitir recuperação em caso de falhas.

5. **Outputs sensíveis** → Marque outputs confidenciais com sensitive = true para que não sejam exibidos no terminal ou armazenados em pipelines de CI/CD.

6. **Auditoria e monitoramento** → Ative logs de acesso no backend para rastrear quem acessou ou modificou o *state*.

Resolução de Erros Comuns

Erro: Arquivo terraform.tfstate não encontrado.
Solução: Verifique se o backend foi inicializado corretamente com terraform init e se as credenciais de acesso estão configuradas.

Erro: Lock de state ativo impossibilitando alterações.
Solução: Aguarde o desbloqueio automático após a operação ativa, ou use terraform force-unlock <LOCK_ID> com cautela, garantindo que não há operações em andamento.

Erro: Conflito entre state local e remoto.
Solução: Execute terraform init -reconfigure para realinhar a configuração e sincronizar o backend.

Erro: Permissão negada ao backend remoto.
Solução: Revise credenciais, roles e políticas no serviço de backend. Confirme que o usuário ou role atual possui acesso de leitura e gravação.

Erro: Outputs confidenciais exibidos no terminal.
Solução: Adicione sensitive = true nos blocos de outputs sensíveis para evitar exposição.

Boas Práticas

- Use sempre remote state em projetos de produção.

- Configure locking no backend para evitar alterações simultâneas.

- Habilite criptografia no backend e nunca armazene state desprotegido.

- Gerencie permissões de acesso ao state de forma granular.

- Não versionar state em Git; proteja esses arquivos com .gitignore.

Resumo Estratégico

O gerenciamento de state no Terraform é um componente estratégico que impacta diretamente a estabilidade e a segurança das operações de infraestrutura. Entender a diferença entre local e remote state permite fazer escolhas alinhadas ao tamanho e à criticidade do projeto. Enquanto o local state é adequado apenas para testes e desenvolvimento inicial, o remote state com locking e criptografia é essencial para ambientes colaborativos e de produção.

Os backends disponíveis no ecossistema Terraform oferecem flexibilidade para integrar o gerenciamento de state à infraestrutura existente, garantindo confiabilidade, rastreabilidade e controle de acesso. O uso de mecanismos de locking é uma prática indispensável para evitar conflitos de concorrência que poderiam corromper o ambiente.

A segurança do state deve ser tratada com a mesma prioridade dada à segurança de senhas e chaves privadas. O arquivo terraform.tfstate contém informações sensíveis que, se expostas, podem comprometer não apenas recursos técnicos, mas também a reputação e a segurança organizacional.

CAPÍTULO 8. INTEGRAÇÃO COM AWS

A integração do Terraform com a AWS começa com a configuração adequada do provider, que atua como o elo entre o Terraform e os serviços da AWS. O provider AWS é responsável por traduzir as instruções declarativas do Terraform em chamadas de API compreendidas pela AWS, possibilitando a criação, atualização e destruição de recursos na nuvem.

Primeiramente, é necessário adicionar o bloco provider no arquivo de configuração Terraform, geralmente chamado de main.tf. Esse bloco especifica qual provider será utilizado e define parâmetros essenciais como a região. Um exemplo básico:

hcl

```
provider "aws" {
  region = "us-east-1"
}
```

Além disso, recomenda-se gerenciar as credenciais AWS de forma segura. As credenciais podem ser fornecidas por meio de variáveis de ambiente, arquivos de configuração (~/.aws/credentials), ou perfis configurados com o AWS CLI. Um exemplo usando perfil seria:

hcl

```
provider "aws" {
```

```
profile = "default"
region  = "us-east-1"
}
```

A versão do provider também deve ser especificada no arquivo versions.tf para garantir compatibilidade e estabilidade das execuções:

hcl

```
terraform {
  required_providers {
    aws = {
      source  = "hashicorp/aws"
      version = "~> 5.0"
    }
  }
}
```

Essa abordagem evita surpresas com mudanças inesperadas nas APIs entre versões.

Deploy de EC2, S3, RDS

Após o provider estar configurado corretamente, o próximo passo é realizar o deploy de serviços AWS com Terraform, como EC2, S3 e RDS.

- EC2 *

A criação de uma instância EC2 envolve especificar a AMI (Amazon Machine Image), tipo de instância e configurações adicionais como key pair, security groups e subnet. Exemplo de configuração:

hcl

```hcl
resource "aws_instance" "web" {
  ami           = "ami-0c55b159cbfafe1f0"
  instance_type = "t2.micro"


  tags = {
    Name = "TerraformEC2"
  }
}
```

O código provisiona uma instância básica. Para ambientes mais robustos, é importante definir security groups, balanceadores de carga e roles apropriadas.

- S3 *

O S3 permite o armazenamento de objetos, como arquivos e imagens. O deploy de um bucket S3 com Terraform é simples:

hcl

```hcl
resource "aws_s3_bucket" "bucket" {
  bucket = "meu-bucket-terraform"
  acl    = "private"
}
```

Outras configurações, como versionamento, criptografia e políticas de acesso, podem ser adicionadas para atender demandas específicas de segurança e compliance.

- RDS *

O deploy de um banco RDS requer atenção especial, pois envolve não apenas a criação do banco, mas também a definição de engine, versão, instância, usuário mestre e parâmetros de rede:

hcl

```hcl
resource "aws_db_instance" "default" {
  allocated_storage   = 20
  engine          = "mysql"
  engine_version      = "8.0"
  instance_class      = "db.t2.micro"
  name            = "meubanco"
  username         = "admin"
  password         = "senhasegura123"
  parameter_group_name = "default.mysql8.0"
}
```

É fundamental não expor credenciais sensíveis diretamente no código. Use terraform.tfvars ou secrets manager para armazená-las com segurança.

Autenticação Segura

Garantir autenticação segura entre Terraform e AWS é uma prática obrigatória. As abordagens mais comuns incluem:

- Uso de variáveis de ambiente: defina AWS_ACCESS_KEY_ID e AWS_SECRET_ACCESS_KEY no ambiente do sistema.

- Uso de perfis AWS CLI: configure no arquivo ~/.aws/credentials e referencia no provider.

- IAM Roles: quando executando Terraform em EC2 ou serviços gerenciados, atribua roles à instância, evitando uso de credenciais explícitas.

- Vault/Secrets Manager: armazene credenciais sensíveis em cofres de segredo e injete-as dinamicamente no ambiente.

Além disso, ative MFA para usuários humanos e minimize a exposição de credenciais ao usar pipelines CI/CD. Ferramentas como aws-vault ajudam a gerenciar credenciais temporárias com segurança reforçada.

Resolução de Erros Comuns

Erro: InvalidClientTokenId
Causa: Credenciais incorretas ou ausentes.
Solução: Verifique o arquivo de credenciais, perfil AWS e variáveis de ambiente. Execute aws configure para corrigir.

Erro: UnauthorizedOperation
Causa: Permissões IAM insuficientes.
Solução: Garanta que o usuário ou role tenha políticas adequadas (como AmazonEC2FullAccess, AmazonS3FullAccess etc.).

Erro: RequestLimitExceeded
Causa: Limite de API atingido.
Solução: Aumente o limite com a AWS ou adicione depends_on e time_sleep entre recursos que fazem muitas requisições.

Erro: terraform plan não reconhece mudanças no estado
Causa: Estado remoto corrompido ou divergente.
Solução: Execute terraform refresh ou recrie o backend. Em situações críticas, use terraform state para correções manuais.

Erro: Error creating DB Instance
Causa: Parâmetros incompatíveis no RDS (engine, versão, storage).
Solução: Consulte a documentação AWS para validar combinações suportadas.

Boas Práticas

- Modularização: Organize os recursos em módulos reutilizáveis para EC2, S3, RDS e outros serviços.

- Backend remoto: Use S3 com DynamoDB para armazenar o estado remoto, garantindo consistência em times.

- Versionamento: Bloqueie versões do provider e módulos para evitar que atualizações quebrem sua infraestrutura.

- Separação de ambientes: Use workspaces ou arquivos separados para ambientes dev, staging e prod.

- Criptografia: Sempre ative criptografia para S3 e RDS.

- Tags: Adicione tags consistentes para identificar recursos e facilitar o gerenciamento e cobrança.

Adicionalmente, faça revisões periódicas dos códigos Terraform com peers ou por meio de pipelines automatizados, validando mudanças antes de aplicá-las em produção.

Resumo Estratégico

Integrar o Terraform com a AWS representa um salto de eficiência na gestão de infraestrutura, permitindo a automação desde a configuração de VMs, buckets e bancos de dados até a governança de acessos e políticas de segurança. A configuração do provider AWS é o primeiro passo crítico e deve ser feita com atenção especial às credenciais, regiões e versões.

O deploy de recursos como EC2, S3 e RDS demonstra a flexibilidade do Terraform em lidar com múltiplos serviços, mas exige atenção especial às dependências entre recursos e à gestão de estado. A autenticação segura é uma camada inegociável, pois vazamentos de chaves e credenciais podem comprometer todo o ambiente.

CAPÍTULO 9. INTEGRAÇÃO COM AZURE

A integração entre Terraform e Microsoft Azure é uma das combinações mais poderosas para profissionais que desejam provisionar e gerenciar infraestrutura de forma automatizada, segura e escalável. O Terraform atua como intermediador entre o código declarativo do usuário e os recursos do Azure, traduzindo instruções para chamadas API e garantindo que o estado da infraestrutura se mantenha alinhado ao desejado. Vamos detalhar como configurar o provider Azure, como realizar o deploy de recursos como máquinas virtuais (VMs), Blob Storage e bancos SQL, além de abordar o gerenciamento de chaves, resolução de erros comuns e boas práticas para garantir estabilidade e segurança operacional. Finalizaremos com um resumo estratégico que conecta os aprendizados à prática profissional moderna.

Configuração de Provider

A primeira etapa para operar com Azure usando Terraform é a configuração correta do *provider*. O Terraform oferece suporte oficial ao provedor azurerm, que interage com os serviços da plataforma via Azure Resource Manager (ARM).

Antes de iniciar, é essencial ter uma conta Azure, além da CLI da Azure instalada e autenticada. O comando a seguir permite autenticar sua sessão:

bash

```
az login
```

Após a autenticação, o bloco de provider deve ser configurado no arquivo principal .tf:

hcl

```hcl
provider "azurerm" {
  features {}
}
```

A partir da versão 2.x, o azurerm exige explicitamente a declaração de features {} para ativar os recursos desejados. Para ambientes com múltiplas assinaturas, você pode especificar explicitamente a assinatura a ser utilizada:

hcl

```hcl
provider "azurerm" {
  subscription_id = "00000000-0000-0000-0000-000000000000"
  client_id      = var.client_id
  client_secret  = var.client_secret
  tenant_id      = var.tenant_id
  features {}
}
```

Esses parâmetros podem ser armazenados de maneira segura em arquivos .tfvars ou injetados via variáveis de ambiente. Para uma operação segura e escalável, é altamente recomendável a utilização de *Azure Service Principals* com permissões específicas, de preferência com escopo limitado por grupo de recursos ou subscription.

Deploy de VMs, Blob Storage, SQL

Uma vez configurado o provider, é possível provisionar recursos variados no Azure. Vamos explorar três dos mais utilizados em ambientes corporativos: máquinas virtuais, armazenamento em blob e bancos SQL.

Máquinas Virtuais (VMs)

Provisionar uma VM no Azure envolve múltiplos recursos interligados: grupo de recursos, rede virtual, subnet, interface de rede e, por fim, a própria máquina virtual. Um exemplo básico inclui:

hcl

```
resource "azurerm_resource_group" "rg" {
  name    = "rg-tf-vm"
  location = "East US"
}


resource "azurerm_virtual_network" "vnet" {
  name         = "vnet-tf"
  address_space   = ["10.0.0.0/16"]
  location       = azurerm_resource_group.rg.location
  resource_group_name = azurerm_resource_group.rg.name
}


resource "azurerm_subnet" "subnet" {
  name         = "subnet-tf"
  resource_group_name = azurerm_resource_group.rg.name
  virtual_network_name =
```

```
azurerm_virtual_network.vnet.name
  address_prefixes    = ["10.0.1.0/24"]
}


resource "azurerm_network_interface" "nic" {
  name            = "nic-tf"
  location        = azurerm_resource_group.rg.location
  resource_group_name = azurerm_resource_group.rg.name

  ip_configuration {
    name               = "internal"
    subnet_id              = azurerm_subnet.subnet.id
    private_ip_address_allocation = "Dynamic"
  }
}


resource "azurerm_linux_virtual_machine" "vm" {
  name            = "vm-tf"
  resource_group_name = azurerm_resource_group.rg.name
  location        = azurerm_resource_group.rg.location
  size           = "Standard_B1s"
  admin_username    = "adminuser"
  network_interface_ids = [azurerm_network_interface.nic.id]

  admin_ssh_key {
```

```
  username  = "adminuser"
  public_key = file("~/.ssh/id_rsa.pub")
 }


 os_disk {
   caching        = "ReadWrite"
   storage_account_type = "Standard_LRS"
 }


 source_image_reference {
   publisher = "Canonical"
   offer   = "UbuntuServer"
   sku     = "20_04-lts"
   version  = "latest"
  }
}
```

Blob Storage

O serviço de Blob Storage é utilizado para armazenar arquivos, imagens, backups e objetos binários em nuvem. Um exemplo simples de criação:

hcl

```
resource "azurerm_storage_account" "sa" {
  name            = "storagetfexemplo"
  resource_group_name   = azurerm_resource_group.rg.name
```

```hcl
  location           = azurerm_resource_group.rg.location
  account_tier       = "Standard"
  account_replication_type = "LRS"
}


resource "azurerm_storage_container" "container" {
  name             = "meusarquivos"
  storage_account_name  = azurerm_storage_account.sa.name
  container_access_type = "private"
}
```

SQL Database

Provisionar um banco SQL envolve a criação do servidor e da instância do banco propriamente dito:

hcl

```hcl
resource "azurerm_sql_server" "sql" {
  name                = "sqlserverterraform"
  resource_group_name    = azurerm_resource_group.rg.name
  location               = azurerm_resource_group.rg.location
  version             = "12.0"
  administrator_login    = "adminuser"
  administrator_login_password = var.db_password
}


resource "azurerm_sql_database" "database" {
```

```
name        = "terraformdb"
resource_group_name = azurerm_resource_group.rg.name
location      = azurerm_resource_group.rg.location
server_name     = azurerm_sql_server.sql.name
sku_name      = "Basic"
}
```

Gerenciamento de Chaves

A manipulação de credenciais e dados sensíveis no Azure deve ser realizada de forma segura. O Terraform permite integrar recursos como o *Azure Key Vault* para armazenar senhas, chaves SSH, tokens e strings de conexão com criptografia e acesso controlado.

Exemplo de criação de um cofre de chaves:

hcl

```
resource "azurerm_key_vault" "vault" {
  name            = "vault-tf"
  location          = azurerm_resource_group.rg.location
  resource_group_name     = azurerm_resource_group.rg.name
  tenant_id         = var.tenant_id
  sku_name         = "standard"
  soft_delete_enabled    = true
  purge_protection_enabled  = true
}


resource "azurerm_key_vault_secret" "secret" {
```

```hcl
  name      = "dbPassword"
  value     = var.db_password
  key_vault_id = azurerm_key_vault.vault.id
}
```

Para consumir o segredo em um script:

hcl

```hcl
data "azurerm_key_vault_secret" "password" {
  name      = "dbPassword"
  key_vault_id = azurerm_key_vault.vault.id
}


output "senha_banco" {
  value     = data.azurerm_key_vault_secret.password.value
  sensitive = true
}
```

Assim, assegura-se que informações sensíveis não fiquem hardcoded no código, reduzindo risco de vazamento.

Resolução de Erros Comuns

Erro: Authentication failed: AADSTS7000215
Solução: Verifique client_id, client_secret e tenant_id. Confirme se o app está corretamente registrado no Azure AD.

Erro: The Resource group was not found
Solução: Confirme se o grupo de recursos foi realmente criado antes de ser referenciado.

Erro: Resource already exists
Solução: Importe o recurso existente com terraform import ou ajuste a estratégia de naming.

Erro: No features block specified in provider configuration
Solução: Adicione features {} no bloco do provider.

Erro: Insufficient privileges to access Key Vault
Solução: Conceda Key Vault Secrets User à identidade usada pela execução do Terraform.

Boas Práticas

- Utilize arquivos .tfvars para gerenciar configurações por ambiente.

- Armazene senhas e segredos exclusivamente em Azure Key Vault.

- Modularize a criação de VMs, storage e SQL em blocos reutilizáveis.

- Nunca armazene credenciais diretamente no código.

- Use sensitive = true para todos os outputs confidenciais.

Resumo Estratégico

A integração com o Azure via Terraform possibilita a construção de uma infraestrutura sólida, auditável e escalável com altíssimo nível de automação e controle. A configuração correta do provider, combinada com uma boa estrutura de módulos e práticas de segurança, forma a espinha dorsal de uma operação confiável. O provisionamento de VMs, Blob Storage e bancos SQL cobre as necessidades centrais de armazenamento, processamento e persistência de dados de grande parte das aplicações modernas.

A gestão de chaves via Key Vault eleva o nível de segurança operacional e posiciona a organização para lidar com requisitos de conformidade e governança. Os erros mais comuns, quando bem compreendidos, podem ser antecipados, diagnosticados e resolvidos com agilidade.

CAPÍTULO 10. INTEGRAÇÃO COM GOOGLE CLOUD

A integração do Terraform com o Google Cloud Platform (GCP) permite criar, gerenciar e escalar infraestrutura na nuvem de forma altamente automatizada e replicável. O Terraform, atuando como ferramenta de infraestrutura como código, torna o provisionamento de recursos como Compute Engine, Cloud Storage e BigQuery seguro e previsível, com controle preciso de versões e mudanças. Vamos explorar como configurar o provider do Google Cloud, como realizar o deploy dos principais serviços, como autenticar-se com segurança utilizando service accounts, além de abordar erros comuns, boas práticas e um resumo estratégico para garantir excelência operacional.

Configuração de Provider

O primeiro passo para utilizar o Terraform com Google Cloud é configurar corretamente o provider. O Terraform utiliza o provider google para se conectar ao GCP, sendo necessário informar o projeto, a região e a autenticação apropriada.

Primeiramente, é preciso garantir que você tenha:

1. Conta ativa no Google Cloud.

2. Projeto criado no Console.

3. API do Compute Engine ativada.

4. Chave de service account gerada.

A configuração básica no Terraform fica assim:

hcl

```
provider "google" {
  credentials = file("<CAMINHO-PARA-CHAVE-JSON>")
  project    = "<ID-DO-PROJETO>"
  region     = "us-central1"
}
```

Esse bloco deve ser incluído no arquivo principal .tf e é recomendado que a chave JSON não seja armazenada no repositório, mas sim mantida de forma segura no ambiente local, usando variáveis de ambiente ou cofres de segredos.

Exemplo de configuração com variáveis:

hcl

```
variable "project_id" {}
variable "region" {}


provider "google" {
  project    = var.project_id
  region     = var.region
}
```

Deploy de Compute Engine, Cloud Storage, BigQuery

Com o provider configurado, o próximo passo é provisionar recursos. Vamos abordar três dos mais importantes no ecossistema Google Cloud.

Compute Engine

Compute Engine permite criar e gerenciar máquinas virtuais na nuvem. Um exemplo básico de deploy:

hcl

```
resource "google_compute_instance" "default" {
  name         = "instance-terraform"
  machine_type = "e2-micro"
  zone         = "us-central1-a"

  boot_disk {
    initialize_params {
      image = "debian-cloud/debian-11"
    }
  }

  network_interface {
    network = "default"
    access_config {}
  }
}
```

O código cria uma VM Debian com tipo de máquina e2-micro, ideal para testes e workloads leves.

Cloud Storage

O Cloud Storage é usado para armazenar objetos e arquivos. O deploy de um bucket pode ser feito assim:

hcl

```hcl
resource "google_storage_bucket" "bucket" {
  name          = "meu-bucket-terraform"
  location      = "US"
  storage_class = "STANDARD"
}
```

Para controle de versionamento e políticas, adicione parâmetros como versioning e lifecycle_rule.

BigQuery

O BigQuery é um data warehouse totalmente gerenciado. Um exemplo básico de criação de dataset:

hcl

```hcl
resource "google_bigquery_dataset" "dataset" {
  dataset_id = "meu_dataset"
  location   = "US"
}
```

Para criar uma tabela dentro do dataset, use:

hcl

```hcl
resource "google_bigquery_table" "table" {
  dataset_id = google_bigquery_dataset.dataset.dataset_id
  table_id   = "minha_tabela"
  schema     = file("schema.json")
}
```

O arquivo schema.json deve conter o esquema da tabela em formato JSON.

Autenticação via Service Account

A autenticação no Google Cloud com Terraform deve ser feita preferencialmente via service account. Essa abordagem garante maior segurança, isolamento de permissões e aderência às boas práticas do GCP.

Passos para configurar:

1. Crie uma service account no Console.

2. Conceda papéis mínimos necessários (Compute Admin, Storage Admin, BigQuery Admin, por exemplo).

3. Gere e faça download do arquivo de chave JSON.

4. Configure o Terraform para utilizar a chave:

bash

```
export GOOGLE_APPLICATION_CREDENTIALS="/caminho/para/chave.json"
```

Ou no provider:

hcl

```
provider "google" {
  credentials = file("/caminho/para/chave.json")
  project   = var.project_id
  region    = var.region
```

```
}
```

Essa configuração permite que o Terraform se autentique automaticamente em qualquer script ou pipeline CI/CD, sem expor senhas ou tokens no código.

Resolução de Erros Comuns

Erro: Error loading credentials from file
Causa: Caminho do arquivo JSON incorreto ou permissões insuficientes no arquivo.
Solução: Confirme o caminho absoluto no sistema e ajuste as permissões com chmod 600.

Erro: 403 The caller does not have permission
Causa: Service account sem permissões suficientes para o recurso.
Solução: Atribua os papéis apropriados à conta, evitando permissões excessivas.

Erro: Error 409: Already Exists
Causa: Tentativa de criar um recurso que já existe.
Solução: Altere o nome do recurso ou importe-o com terraform import para o estado.

Erro: Invalid value for field 'resource.name'
Causa: Nome inválido ou não conforme as restrições do Google Cloud.
Solução: Use nomes compatíveis com as regras de nomenclatura do serviço, geralmente em letras minúsculas e sem caracteres especiais.

Erro: Timeout while waiting for operation to complete
Causa: Provisionamento de recurso demorando além do limite padrão.
Solução: Aumente os timeouts com timeouts nos blocos de recurso ou revise o motivo do atraso.

Boas Práticas

- Modularize os recursos usando blocos reutilizáveis para Compute Engine, Storage e BigQuery.

- Use workspaces ou separação de diretórios para isolar ambientes (dev, stage, prod).

- Gerencie credenciais de forma segura, nunca armazenando arquivos JSON no repositório.

- Habilite versionamento no Cloud Storage para evitar perda acidental de dados.

- Atribua permissões mínimas necessárias à service account para reduzir superfícies de ataque.

Resumo Estratégico

Integrar Terraform com Google Cloud amplia significativamente a capacidade das equipes de engenharia ao permitir provisionamento e gerenciamento de infraestrutura de forma declarativa e versionada. A configuração do provider e a autenticação via service account formam a base da operação segura, enquanto o deploy de recursos como Compute Engine, Cloud Storage e BigQuery cobre necessidades centrais de processamento, armazenamento e análise de dados.

A gestão cuidadosa das credenciais, associada ao uso de boas práticas, garante segurança, conformidade e eficiência operacional.

CAPÍTULO 11.
PROVISIONAMENTO DE REDES

Provisionar redes com Terraform é um dos passos mais críticos para garantir ambientes escaláveis, seguros e de alta disponibilidade. Ao dominar a criação de VPCs, subnets, regras de firewall, balanceadores de carga e até mesmo configurações entre múltiplas nuvens (cross-cloud), o profissional amplia sua capacidade de entregar soluções modernas e resilientes. VAmos analisar e como realizar o provisionamento de redes, integrar múltiplas nuvens, configurar balanceamento de carga, lidar com erros comuns e aplicar boas práticas que assegurem consistência, performance e segurança.

VPC, subnets, firewall rules

A base de qualquer rede moderna começa pela criação de uma Virtual Private Cloud (VPC), que define um espaço de endereçamento IP isolado onde recursos como VMs, bancos de dados e containers serão implantados. A VPC permite dividir o tráfego interno e externo, aplicar regras de firewall específicas e organizar aplicações de forma eficiente.

Exemplo no AWS:

hcl

```
resource "aws_vpc" "main" {
  cidr_block = "10.0.0.0/16"
  enable_dns_support   = true
  enable_dns_hostnames = true
```

```
  tags = {
    Name = "main-vpc"
  }
}


resource "aws_subnet" "subnet1" {
  vpc_id   = aws_vpc.main.id
  cidr_block = "10.0.1.0/24"
  availability_zone = "us-east-1a"
  tags = {
    Name = "subnet-1"
  }
}


resource "aws_security_group" "allow_http" {
  vpc_id = aws_vpc.main.id
  ingress {
    from_port  = 80
    to_port    = 80
    protocol   = "tcp"
    cidr_blocks = ["0.0.0.0/0"]
  }
  egress {
    from_port  = 0
    to_port    = 0
```

```hcl
    protocol   = "-1"
    cidr_blocks = ["0.0.0.0/0"]
  }
}
```

No Google Cloud:

hcl

```hcl
resource "google_compute_network" "vpc_network" {
  name = "vpc-network"
}


resource "google_compute_subnetwork" "subnet" {
  name        = "subnet"
  ip_cidr_range = "10.0.1.0/24"
  region      = "us-central1"
  network     = google_compute_network.vpc_network.self_link
}


resource "google_compute_firewall" "allow-http" {
  name   = "allow-http"
  network = google_compute_network.vpc_network.name

  allow {
    protocol = "tcp"
    ports   = ["80"]
```

```
  }


  source_ranges = ["0.0.0.0/0"]
}
```

No Azure:

hcl

```hcl
resource "azurerm_virtual_network" "vnet" {
  name            = "vnet"
  address_space     = ["10.0.0.0/16"]
  location        = azurerm_resource_group.rg.location
  resource_group_name = azurerm_resource_group.rg.name
}


resource "azurerm_subnet" "subnet" {
  name            = "subnet"
  resource_group_name = azurerm_resource_group.rg.name
  virtual_network_name =
azurerm_virtual_network.vnet.name
  address_prefixes    = ["10.0.1.0/24"]
}


resource "azurerm_network_security_group" "nsg" {
  name            = "nsg"
  location        = azurerm_resource_group.rg.location
```

```
resource_group_name = azurerm_resource_group.rg.name


security_rule {
  name              = "Allow-HTTP"
  priority          = 100
  direction         = "Inbound"
  access            = "Allow"
  protocol          = "Tcp"
  source_port_range      = "*"
  destination_port_range    = "80"
  source_address_prefix    = "*"
  destination_address_prefix = "*"
  }
}
```

Os exemplos ilustram como definir a camada fundamental da rede: a VPC, as subnets e as regras de firewall, garantindo isolamento, segurança e roteamento eficiente.

Configuração Cross-cloud

O provisionamento cross-cloud refere-se à capacidade de interconectar redes entre provedores distintos, como AWS, Azure e Google Cloud, criando arquiteturas híbridas ou multi-cloud. Essa prática é adotada por organizações que buscam evitar lock-in, aumentar a resiliência ou distribuir workloads entre regiões geográficas.

Existem várias abordagens para conectar nuvens diferentes:

- **VPN Site-to-Site**: conecta VPCs de provedores distintos usando gateways VPN.

- **Peering Cross-cloud**: conecta redes por meio de peering nativo, onde suportado.

- **SD-WAN ou soluções de terceiros**: usa appliances virtuais para orquestrar e gerenciar conectividade multi-cloud.

Modelo de configuração de VPN na AWS:

hcl

```hcl
resource "aws_vpn_gateway" "vpn_gw" {
  vpc_id = aws_vpc.main.id
}


resource "aws_customer_gateway" "customer_gw" {
  bgp_asn    = 65000
  ip_address = "1.2.3.4"
  type       = "ipsec.1"
}


resource "aws_vpn_connection" "vpn_conn" {
  vpn_gateway_id      = aws_vpn_gateway.vpn_gw.id
  customer_gateway_id = aws_customer_gateway.customer_gw.id
  type                = "ipsec.1"
}
```

Configuração cross-cloud exige atenção especial a latência, segurança e custos. É fundamental projetar políticas de roteamento claras, monitorar o tráfego e aplicar criptografia ponta a ponta.

Balanceamento de Carga

O balanceamento de carga distribui tráfego entre múltiplos servidores para garantir alta disponibilidade e performance. No Terraform, é possível provisionar balanceadores de carga em todos os provedores líderes.

AWS (Elastic Load Balancer):

hcl

```
resource "aws_lb" "app_lb" {
  name              = "app-lb"
  internal          = false
  load_balancer_type = "application"
  subnets           = [aws_subnet.subnet1.id]

  enable_deletion_protection = false
}


resource "aws_lb_target_group" "app_tg" {
  name     = "app-tg"
  port     = 80
  protocol = "HTTP"
  vpc_id   = aws_vpc.main.id
}
```

```hcl
resource "aws_lb_listener" "front_end" {
  load_balancer_arn = aws_lb.app_lb.arn
  port              = "80"
  protocol          = "HTTP"

  default_action {
    type             = "forward"
    target_group_arn = aws_lb_target_group.app_tg.arn
  }
}
```

No Google Cloud:

hcl

```hcl
resource "google_compute_forwarding_rule" "default" {
  name                  = "forwarding-rule"
  load_balancing_scheme = "EXTERNAL"
  port_range            = "80"
  target                = google_compute_target_pool.default.self_link
}
```

No Azure:

hcl

```hcl
resource "azurerm_lb" "lb" {
  name              = "example-lb"
```

```
location         = azurerm_resource_group.rg.location
resource_group_name = azurerm_resource_group.rg.name
frontend_ip_configuration {
  name                 = "PublicIPAddress"
  public_ip_address_id      = azurerm_public_ip.lb_public_ip.id
  }
}
```

O balanceamento adequado melhora a resiliência e distribui requests de forma eficiente, reduzindo o risco de sobrecarga.

Resolução de Erros Comuns

Erro: CIDR block overlapping
Causa: Intervalos de IP sobrepostos entre VPCs ou subnets.
Solução: Planeje cuidadosamente o espaço IP para evitar conflitos e valide as faixas antes do deploy.

Erro: Port conflict in firewall rules
Causa: Duas regras conflitantes para a mesma porta.
Solução: Ajuste regras para garantir que apenas uma tenha precedência ou combine regras em um único bloco.

Erro: Failed VPN connection establishment
Causa: Configuração incorreta de túnel, BGP ou IP.
Solução: Revise parâmetros de configuração, confirme credenciais e teste conectividade com ferramentas como ping e traceroute.

Erro: Target group not registered with load balancer
Causa: Falta de associação entre instâncias e target group.
Solução: Certifique-se de que as instâncias estejam associadas corretamente e registre-as explicitamente.

Erro: Route not propagating

Causa: Falta de configuração de rotas entre VPCs, subnets ou gateways.

Solução: Adicione rotas manualmente ou configure propagação dinâmica em VPN e peering.

Boas Práticas

- Planeje e documente o esquema IP antes do provisionamento para evitar sobreposição.

- Use tags consistentes para identificar recursos de rede.

- Separe subnets por tipo de tráfego (público/privado) para melhorar segurança.

- Habilite logs de fluxo (flow logs) para monitorar tráfego e diagnosticar problemas.

- Utilize módulos para padronizar a criação de redes em diferentes ambientes.

Resumo Estratégico

O provisionamento de redes com Terraform é essencial para qualquer arquitetura moderna que busque escalabilidade, segurança e resiliência. A criação de VPCs, subnets e regras de firewall estabelece as bases de um ambiente isolado e controlado. O balanceamento de carga assegura distribuição eficiente do tráfego e garante alta disponibilidade.

As configurações cross-cloud ampliam as fronteiras da infraestrutura, permitindo integração entre diferentes provedores e oferecendo flexibilidade estratégica para negócios que buscam redundância e otimização global. Aplicar o provisionamento de redes transforma o profissional em um ativo estratégico, capaz de projetar e entregar infraestruturas complexas com qualidade e previsibilidade.

CAPÍTULO 12.
PROVISIONAMENTO DE STORAGE

O provisionamento de storage com Terraform é um dos elementos mais importantes para sustentar workloads modernos, sejam eles de computação, banco de dados, analytics, backups ou disaster recovery. O armazenamento bem planejado garante não apenas performance, mas também segurança, redundância e governança adequada. Veremos neste módulo como provisionar buckets, volumes e snapshots nos principais provedores, como configurar policies de acesso, apresentar exemplos multi-cloud, analisar erros comuns, compartilhar boas práticas e finalizar com um resumo estratégico que conecta tudo à operação profissional.

Buckets, Volumes, Snapshots

Cada provedor oferece diferentes recursos de armazenamento que atendem a diversas necessidades de projeto. Terraform permite gerenciar todos eles de forma uniforme e consistente.

AWS:

- Buckets com S3

O Amazon S3 oferece armazenamento de objetos altamente disponível e escalável. Provisionar um bucket é simples:

hcl

```
resource "aws_s3_bucket" "meu_bucket" {
  bucket = "meu-bucket-terraform"
```

```
acl    = "private"
}
```

- Volumes com EBS

Volumes EBS são usados para fornecer armazenamento em blocos às instâncias EC2:

hcl

```
resource "aws_ebs_volume" "meu_volume" {
  availability_zone = "us-east-1a"
  size        = 20
  type        = "gp2"
}
```

- Snapshots

Snapshots permitem criar cópias de segurança de volumes EBS:

hcl

```
resource "aws_ebs_snapshot" "meu_snapshot" {
  volume_id = aws_ebs_volume.meu_volume.id
  description = "Backup do volume de dados"
}
```

Google Cloud:
- Buckets com Cloud Storage

hcl

```hcl
resource "google_storage_bucket" "bucket" {
  name         = "meu-bucket-gcp"
  location     = "US"
  storage_class = "STANDARD"
}
```

- Volumes com Persistent Disk

hcl

```hcl
resource "google_compute_disk" "meu_volume" {
  name = "meu-disco"
  type = "pd-standard"
  zone = "us-central1-a"
  size = 20
}
```

- Snapshots

hcl

```hcl
resource "google_compute_snapshot" "meu_snapshot" {
  name        = "snapshot-disco"
  source_disk = google_compute_disk.meu_volume.id
}
```

Azure:

- Buckets com Blob Storage

hcl

```
resource "azurerm_storage_account" "storage" {
  name                     = "storagetf"
  resource_group_name      = azurerm_resource_group.rg.name
  location                 = azurerm_resource_group.rg.location
  account_tier             = "Standard"
  account_replication_type = "LRS"
}


resource "azurerm_storage_container" "container" {
  name                 = "meusarquivos"
  storage_account_name =
azurerm_storage_account.storage.name
  container_access_type = "private"
}
```

- Volumes com Managed Disks

hcl

```
resource "azurerm_managed_disk" "meu_volume" {
  name     = "meu-disco"
  location = azurerm_resource_group.rg.location
```

```hcl
  resource_group_name  = azurerm_resource_group.rg.name
  storage_account_type = "Standard_LRS"
  disk_size_gb         = 20
  create_option        = "Empty"
}
```

- Snapshots

hcl

```hcl
resource "azurerm_snapshot" "meu_snapshot" {
  name                = "snapshot-disco"
  location            = azurerm_resource_group.rg.location
  resource_group_name = azurerm_resource_group.rg.name
  create_option       = "Copy"
  source_uri          = azurerm_managed_disk.meu_volume.id
}
```

Pollíticas de Acesso

Configurar *policies* de acesso adequadas garante que apenas usuários e aplicações autorizadas possam interagir com os recursos de storage.

AWS S3 Policy:

hcl

```hcl
resource "aws_s3_bucket_policy" "policy" {
  bucket = aws_s3_bucket.meu_bucket.id
```

```hcl
  policy = jsonencode({
    Version = "2012-10-17",
    Statement = [{
      Effect = "Allow",
      Principal = "*",
      Action = ["s3:GetObject"],
      Resource = "${aws_s3_bucket.meu_bucket.arn}/*"
    }]
  })
}
```

Google Cloud IAM:

hcl

```hcl
resource "google_storage_bucket_iam_member" "member" {
  bucket = google_storage_bucket.bucket.name
  role   = "roles/storage.objectViewer"
  member = "user:usuario@example.com"
}
```

Azure Role Assignment:

hcl

```hcl
resource "azurerm_role_assignment" "assignment" {
  scope            = azurerm_storage_account.storage.id
  role_definition_name = "Storage Blob Data Reader"
  principal_id     =
```

azurerm_user_assigned_identity.identidade.principal_id

}

Exemplo Multi-cloud

Em ambientes multi-cloud, um mesmo Terraform pode orquestrar recursos em AWS, Azure e Google Cloud:

hcl

```hcl
# AWS
resource "aws_s3_bucket" "bucket_aws" {
  bucket = "multi-cloud-aws"
}


# Google Cloud
resource "google_storage_bucket" "bucket_gcp" {
  name     = "multi-cloud-gcp"
  location = "US"
}


# Azure
resource "azurerm_storage_account" "bucket_azure" {
  name                = "multicloudazure"
  resource_group_name     = azurerm_resource_group.rg.name
  location            = azurerm_resource_group.rg.location
  account_tier        = "Standard"
  account_replication_type = "LRS"
```

}

Esse exemplo ilustra como centralizar a gestão de storage entre nuvens, garantindo consistência e facilitando operações híbridas.

Resolução de Erros Comuns

Erro: Bucket name already exists
Solução: Use nomes únicos adicionando prefixos ou sufixos dinâmicos, como ${var.project}-${random_id.suffix.hex}.

Erro: Permission denied
Solução: Verifique roles, policies e chaves, garantindo que a identidade usada tenha permissões adequadas.

Erro: Resource not found
Solução: Confirme a ordem de criação, dependências e nomes usados no código.

Erro: API rate limit exceeded
Solução: Adicione timeouts ou depends_on para distribuir a carga de requisições.

Erro: Snapshot creation failed
Solução: Pare o recurso ou use snapshots consistentes com mecanismos nativos do provedor.

Boas Práticas

- Use nomes padronizados e consistentes em buckets e volumes.

- Habilite criptografia em todos os recursos de storage.

- Configure policies no princípio do menor privilégio.

- Ative versionamento em buckets e snapshots automáticos para proteger contra perdas.

- Separe storage por ambiente (dev, staging, prod) usando workspaces ou arquivos .tfvars.

Resumo Estratégico

O provisionamento de storage com Terraform amplia a capacidade das equipes de TI ao permitir a gestão centralizada, segura e escalável de dados em nuvem. Buckets, volumes e snapshots são elementos essenciais que, quando bem configurados, sustentam workloads críticos, backups e integrações multi-cloud. As policies de acesso representam uma camada vital para proteger ativos e garantir conformidade com normas internas e regulatórias.

O uso de exemplos multi-cloud demonstra que o Terraform não apenas provisiona recursos, mas também unifica operações entre diferentes provedores, criando ambientes híbridos e flexíveis. A antecipação e resolução dos erros comuns contribuem para acelerar a adoção e maturidade operacional.

CAPÍTULO 13.
PROVISIONAMENTO DE
BANCOS DE DADOS

O provisionamento de bancos de dados com Terraform representa um avanço fundamental para a automação de ambientes modernos, permitindo que PostgreSQL, MySQL e outros serviços de dados sejam criados, configurados e mantidos com consistência e reprodutibilidade. Automatizar bancos com Terraform reduz o risco de erros manuais, agiliza o deploy de ambientes de teste e produção e garante que backups, permissões e políticas de acesso estejam alinhados às melhores práticas. Abordaremos, nesta etapa, como provisionar bancos de dados PostgreSQL e MySQL nos principais provedores, configurar backups, gerenciar usuários e permissões.

Deploy de PostgreSQL, MySQL

O Terraform oferece recursos para provisionar bancos de dados tanto no nível de infraestrutura (usando recursos gerenciados em nuvem) quanto no nível de configuração, integrando módulos externos ou providers especializados.

AWS RDS:

No AWS, o Amazon RDS oferece bancos gerenciados para PostgreSQL e MySQL. Um exemplo básico de criação de banco RDS para PostgreSQL:

hcl

```
resource "aws_db_instance" "postgres" {
```

```hcl
  identifier      = "postgres-tf"
  engine          = "postgres"
  engine_version  = "14"
  instance_class  = "db.t3.micro"
  allocated_storage = 20
  name          = "meudb"
  username       = "admin"
  password       = var.db_password
  parameter_group_name = "default.postgres14"
  skip_final_snapshot = true
}
```

E para MySQL:

hcl

```hcl
resource "aws_db_instance" "mysql" {
  identifier      = "mysql-tf"
  engine          = "mysql"
  engine_version  = "8.0"
  instance_class  = "db.t3.micro"
  allocated_storage = 20
  name          = "meudb"
  username       = "admin"
  password       = var.db_password
  parameter_group_name = "default.mysql8.0"
  skip_final_snapshot = true
```

```
}
```

Google Cloud SQL:

No Google Cloud, usamos Cloud SQL:

hcl

```hcl
resource "google_sql_database_instance" "postgres" {
  name             = "postgres-tf"
  database_version = "POSTGRES_14"
  region           = "us-central1"

  settings {
    tier = "db-f1-micro"
  }
}
```

Azure Database for PostgreSQL/MySQL

No Azure, utilizamos Azure Database for PostgreSQL e MySQL:

hcl

```hcl
resource "azurerm_postgresql_server" "postgres" {
  name                = "postgres-tf"
  location            = azurerm_resource_group.rg.location
  resource_group_name = azurerm_resource_group.rg.name
  administrator_login          = "adminuser"
  administrator_login_password = var.db_password
  sku_name            = "B_Gen5_1"
```

```
version        = "14"
storage_mb       = 51200
}
```

Configuração de Backups

Os backups garantem a integridade dos dados e a capacidade de recuperação em caso de falhas. Cada provedor oferece opções nativas que podem ser configuradas pelo Terraform.

AWS RDS Backup

hcl

```
backup_retention_period = 7
backup_window      = "03:00-04:00"
```

Esse bloco dentro do recurso aws_db_instance define que serão mantidos 7 dias de backup, executados entre 3h e 4h UTC.

Google Cloud SQL Backup

hcl

```
settings {
  backup_configuration {
    enabled        = true
    start_time       = "03:00"
    point_in_time_recovery_enabled = true
  }
}
```

Azure PostgreSQL Backup

No Azure, os backups automáticos são habilitados por padrão, mas podemos definir a retenção:

hcl

```hcl
backup_retention_days = 7
geo_redundant_backup_enabled = true
```

A retenção de backup deve sempre ser alinhada à política de negócios, considerando requisitos de compliance e recuperação.

Criação de Usuários e Permissões

Embora o Terraform não execute diretamente comandos SQL dentro do banco, existem providers e módulos que ajudam na criação de usuários e permissões.

AWS RDS

Para criar usuários adicionais, normalmente utilizamos scripts externos executados após o deploy, mas podemos gerenciar parâmetros:

hcl

```hcl
resource "aws_db_parameter_group" "postgres_params" {
  name        = "postgres-params"
  family      = "postgres14"
  description = "Parâmetros customizados"


  parameter {
    name  = "log_statement"
    value = "all"
  }
}
```

Google Cloud SQL User

hcl

```hcl
resource "google_sql_user" "db_user" {
  name     = "usuario"
  instance = google_sql_database_instance.postgres.name
  password = var.db_user_password
}
```

Azure Database User (via external script)

No Azure, após provisionar o banco, podemos conectar usando ferramentas como az sql ou drivers específicos e rodar scripts de criação de usuários.

Resolução de Erros Comuns

Erro: Invalid parameter group
Solução: Use o grupo de parâmetros correto (ex.: default.postgres14 para PostgreSQL 14).

Erro: Insufficient storage
Solução: Aumente o parâmetro allocated_storage ou storage_mb.

Erro: Connection refused
Solução: Garanta que o banco esteja acessível a partir do cliente autorizado e que as portas estejam abertas.

Erro: Invalid credentials
Solução: Verifique as variáveis passadas no Terraform e evite hardcoding.

Erro: User already exists
Solução: Use terraform import para trazer o usuário para o

estado ou ajuste a configuração.

Boas Práticas

- Nunca armazene senhas hardcoded no código Terraform; utilize terraform.tfvars ou cofres de segredo.

- Configure backups automáticos com períodos compatíveis ao RTO/RPO do negócio.

- Use outputs sensíveis com sensitive = true para evitar exposição de senhas e strings de conexão.

- Separe bancos por ambiente (dev, stage, prod) usando workspaces ou arquivos .tfvars.

- Configure logs e métricas para monitorar performance e uso.

Resumo Estratégico

O provisionamento de bancos de dados com Terraform transforma o processo de deploy e gerenciamento de dados em algo previsível, auditável e replicável. PostgreSQL e MySQL podem ser entregues com configurações consistentes, enquanto backups asseguram resiliência operacional. A gestão cuidadosa de usuários e permissões é fundamental para manter a segurança e integridade dos dados.

Os erros mais comuns, quando bem compreendidos, tornam-se oportunidades de aprendizado e amadurecimento técnico.

CAPÍTULO 14. DEPLOY DE CLUSTERS KUBERNETES

O deploy de clusters Kubernetes com Terraform é uma das etapas mais importantes para equipes que buscam orquestração avançada de contêineres em ambientes produtivos, escaláveis e seguros. Usando Terraform, é possível provisionar clusters em provedores como AWS (EKS), Google Cloud (GKE) e Azure (AKS), automatizar configurações essenciais, integrar ferramentas como Helm para gerenciar pacotes Kubernetes e aplicar melhores práticas de segurança e governança.

Provisionamento de Clusters

O Terraform permite criar clusters Kubernetes nos principais provedores de nuvem usando recursos específicos. O provisionamento envolve configurar máquinas virtuais, redes, storage, autenticação, e, em alguns casos, instalar componentes básicos do cluster.

AWS EKS (Elastic Kubernetes Service)

O provisionamento de EKS envolve três recursos principais: cluster, node group e role de IAM.

hcl

```
resource "aws_eks_cluster" "eks_cluster" {
  name    = "eks-cluster"
  role_arn = aws_iam_role.eks_role.arn
```

```
  vpc_config {
    subnet_ids = [aws_subnet.subnet1.id,
aws_subnet.subnet2.id]
  }
}


resource "aws_eks_node_group" "eks_nodes" {
  cluster_name    = aws_eks_cluster.eks_cluster.name
  node_group_name = "eks-nodes"
  node_role_arn   = aws_iam_role.eks_node_role.arn
  subnet_ids      = [aws_subnet.subnet1.id,
aws_subnet.subnet2.id]

  scaling_config {
    desired_size = 2
    max_size     = 3
    min_size     = 1
  }

  instance_types = ["t3.medium"]
}
```

Além disso, é necessário criar roles e policies de IAM que permitam ao EKS gerenciar os recursos.

Google Kubernetes Engine (GKE)

No GKE, o deploy é mais direto, pois o Google gerencia muitos detalhes automaticamente.

hcl

```hcl
resource "google_container_cluster" "gke_cluster" {
  name     = "gke-cluster"
  location = "us-central1"

  initial_node_count = 3

  node_config {
    machine_type = "e2-medium"
  }
}
```

Azure Kubernetes Service (AKS)

No AKS, o recurso azurerm_kubernetes_cluster cria o cluster e define a configuração do nó agente.

hcl

```hcl
resource "azurerm_kubernetes_cluster" "aks_cluster" {
  name                = "aks-cluster"
  location            = azurerm_resource_group.rg.location
  resource_group_name = azurerm_resource_group.rg.name
  dns_prefix          = "akscluster"
```

```
default_node_pool {
  name     = "default"
  node_count = 2
  vm_size   = "Standard_DS2_v2"
  }

  identity {
    type = "SystemAssigned"
  }
}
```

Configuração Automática

Depois do cluster provisionado, o próximo passo é configurar automaticamente os componentes que permitem a aplicação funcionar corretamente. Isso inclui gerar o arquivo kubeconfig, configurar namespaces, aplicar políticas de RBAC, definir ingress controllers, e conectar storage.

Gerar kubeconfig

O Terraform pode gerar a configuração do kubeconfig usando local_file ou comandos externos. Exemplo:

hcl

```
data "aws_eks_cluster" "eks" {
  name = aws_eks_cluster.eks_cluster.name
}
```

```
data "aws_eks_cluster_auth" "eks" {
  name = aws_eks_cluster.eks_cluster.name
}


provider "kubernetes" {
  host             = data.aws_eks_cluster.eks.endpoint
  cluster_ca_certificate =
base64decode(data.aws_eks_cluster.eks.certificate_authority[0]
.data)
  token            = data.aws_eks_cluster_auth.eks.token
}
```

Namespaces e RBAC

hcl

```
resource "kubernetes_namespace" "dev" {
  metadata {
    name = "development"
  }
}


resource "kubernetes_role" "dev_role" {
  metadata {
    name    = "dev-role"
    namespace = kubernetes_namespace.dev.metadata[0].name
```

```
  }

  rule {
    api_groups = [""]
    resources  = ["pods"]
    verbs      = ["get", "list", "watch"]
  }
}
```

Esses blocos automatizam a separação lógica e as permissões dentro do cluster.

Ingress Controller

Podemos provisionar ingress controllers usando Helm charts integrados ao Terraform, como veremos a seguir.

Integração com Helm

Helm é o gerenciador de pacotes do Kubernetes, permitindo instalar aplicativos complexos como NGINX, Prometheus, Grafana, ou bancos de dados em poucos comandos. O Terraform integra-se ao Helm através do provider helm.

Exemplo de instalação do ingress-nginx com Terraform e Helm:

hcl

```
provider "helm" {
  kubernetes {
    config_path = "~/.kube/config"
  }
}
```

```hcl
resource "helm_release" "nginx_ingress" {
  name     = "nginx-ingress"
  repository = "https://kubernetes.github.io/ingress-nginx"
  chart    = "ingress-nginx"
  namespace = "kube-system"
  version   = "4.0.6"
}
```

Esse recurso permite aplicar charts automaticamente após a criação do cluster, garantindo que ele fique pronto para aplicações de produção.

Também podemos gerenciar configurações avançadas passando valores personalizados:

hcl

```hcl
resource "helm_release" "prometheus" {
  name     = "prometheus"
  repository = "https://prometheus-community.github.io/helm-charts"
  chart    = "prometheus"
  namespace = "monitoring"

  values = [
    file("prometheus-values.yaml")
  ]
}
```

Resolução de Erros Comuns

Erro: Cluster authentication failed
Solução: Gere novamente o kubeconfig usando a CLI do provedor ou usando os blocos Terraform aws_eks_cluster_auth, google_container_cluster ou azurerm_kubernetes_cluster.

Erro: Insufficient node capacity
Solução: Aumente o tamanho do node pool ou distribua os pods entre mais nós.

Erro: Helm chart installation timeout
Solução: Valide se o cluster está operando corretamente (kubectl get nodes) e verifique dependências nas configurações do chart.

Erro: Pod scheduling failure
Solução: Revise os recursos solicitados no manifest, ajuste tolerations e affinities.

Erro: Kubernetes provider not configured
Solução: Certifique-se de que o kubeconfig esteja correto e seja referenciado adequadamente no Terraform.

Boas práticas

- Use módulos Terraform para isolar clusters, node pools e configurações Helm.

- Habilite logs e métricas nativos do provedor para monitoramento (CloudWatch, Stackdriver, Azure Monitor).

- Configure namespaces para separar workloads por ambiente ou equipe.

- Adote RBAC com base em princípios de menor privilégio.

- Utilize ingress controllers e certificados TLS para tráfego seguro.

Resumo Estratégico

O deploy de clusters Kubernetes com Terraform representa um marco no amadurecimento das práticas DevOps, consolidando a automação de infraestrutura e a orquestração de aplicações em um único fluxo de trabalho. Ao provisionar clusters em provedores como AWS, Google Cloud e Azure, as equipes garantem consistência, escalabilidade e robustez nos ambientes.

A configuração automática transforma clusters "vazios" em ambientes preparados para produção, com namespaces, RBAC, ingress controllers e storage devidamente organizados. A integração com Helm amplia esse poder, permitindo gerenciar aplicações complexas como serviços monitoramento, bancos de dados e controladores de tráfego de forma padronizada.

CAPÍTULO 15. DEPLOY DE PIPELINES AIRFLOW

O Apache Airflow tornou-se uma ferramenta essencial para orquestração de workflows e pipelines de dados em ambientes de engenharia moderna. Integrando Terraform ao deploy do Airflow, é possível automatizar não apenas a criação da infraestrutura necessária, mas também a configuração inicial, o deploy de DAGs e a ativação de monitoramento integrado, garantindo que os pipelines rodem com resiliência, previsibilidade e governança. Este capítulo explora o deploy do Airflow, a configuração de DAGs, as práticas para monitoramento, os erros comuns enfrentados pelos times e as boas práticas que ajudam a transformar a operação em um modelo estável e escalável.

Deploy de Airflow

O Airflow pode ser provisionado em diversas arquiteturas: em máquinas virtuais (VMs), containers Kubernetes ou serviços gerenciados como o Amazon MWAA, Google Cloud Composer ou Azure Data Factory com Airflow.

Deploy no EC2 + PostgreSQL (AWS)

No cenário em que utilizamos máquinas virtuais, provisionamos o Airflow em instâncias EC2 e um banco de dados PostgreSQL para o backend.

hcl

```
resource "aws_instance" "airflow" {
  ami      = "ami-0c55b159cbfafe1f0"
```

```
  instance_type = "t3.medium"
  key_name     = "airflow-key"

  tags = {
    Name = "AirflowInstance"
  }
}


resource "aws_db_instance" "airflow_db" {
  identifier     = "airflowdb"
  engine        = "postgres"
  instance_class   = "db.t3.micro"
  allocated_storage = 20
  name         = "airflow"
  username      = "airflow_user"
  password      = var.db_password
  parameter_group_name = "default.postgres14"
  skip_final_snapshot = true
}
```

Depois do deploy das máquinas, é necessário configurar o Airflow para apontar para o banco de dados e iniciar os componentes (webserver, scheduler e workers).

Deploy no Kubernetes (com Helm)

Usar Kubernetes é uma abordagem mais moderna e escalável, principalmente com integração via Helm charts.

hcl

```
resource "helm_release" "airflow" {
  name     = "airflow"
  repository = "https://airflow.apache.org"
  chart    = "airflow"
  namespace = "airflow"

  values = [
    file("airflow-values.yaml")
  ]
}
```

O arquivo airflow-values.yaml deve conter configurações como executor (CeleryExecutor ou KubernetesExecutor), conexões de banco, configuração do fernet_key, credenciais e escalabilidade.

Deploy em Serviços Gerenciados

Em AWS, o Amazon Managed Workflows for Apache Airflow (MWAA) permite deploy com Terraform:

hcl

```
resource "aws_mwaa_environment" "airflow_env" {
  name      = "airflow-env"
  airflow_version = "2.4.3"
  environment_class = "mw1.medium"
  execution_role_arn = aws_iam_role.mwaa_role.arn
  source_bucket_arn = aws_s3_bucket.dags_bucket.arn
}
```

Google Cloud Composer e Azure Data Factory também têm blocos equivalentes para criação de ambientes gerenciados.

Configuração de DAGs

Os DAGs (Directed Acyclic Graphs) representam os pipelines no Airflow. Para configurá-los corretamente:

1. Crie uma pasta dags localmente.

2. Desenvolva os DAGs em Python.

3. Faça upload para o storage backend usado pelo Airflow.

Deploy em EC2

Monte um volume compartilhado ou use rsync/SSH para transferir os DAGs até a instância.

Deploy no Kubernetes

Configure o chart Helm para mapear um volume ou bucket contendo os DAGs:

yaml

```
dags:
  gitSync:
    enabled: true
    repo: "https://github.com/usuario/repo-airflow-dags"
    branch: "main"
```

Deploy em MWAA

Carregue os DAGs no S3 apontado pelo ambiente MWAA:

bash

```
aws s3 cp my_dag.py s3://meu-bucket-mwaa/dags/
```

Monitoramento Integrado

Monitorar o Airflow é crítico para garantir o funcionamento correto dos pipelines. Isso envolve:

- Ativar logs persistentes.

- Integrar com ferramentas de observabilidade (Prometheus, Grafana).

- Configurar alertas.

EC2/Kubernetes

Configure Airflow para enviar logs a uma solução centralizada como CloudWatch, Stackdriver ou Azure Monitor. No airflow.cfg:

ini

```
[logging]
remote_logging = True
remote_base_log_folder = s3://meu-bucket-airflow-logs
remote_log_conn_id = s3_default
```

Helm + Prometheus

No Helm chart, habilite métricas Prometheus:

yaml

```
metrics:
  enabled: true
```

```
serviceMonitor:
  enabled: true
```

Isso permite que Prometheus colete métricas automaticamente.

MWAA e Cloud Composer

Os serviços gerenciados já integram logs com as plataformas nativas e permitem configuração de alertas em seus painéis.

Resolução de Erros Comuns

Erro: Connection failed to metadata database
Solução: Revise as variáveis sql_alchemy_conn e fernet_key; certifique-se de que o banco esteja acessível.

Erro: DAG não carregado
Solução: Rode o comando airflow dags list e examine os logs para identificar syntax errors.

Erro: Scheduler not running
Solução: Verifique logs do scheduler e reinicie o processo.

Erro: Out of memory
Solução: Aumente o tamanho da instância ou o request/limit do pod no Kubernetes.

Erro: Helm chart upgrade failure
Solução: Faça helm diff upgrade antes de aplicar ou use --force.

Boas práticas

- Use Helm charts oficiais ou validados pela comunidade.

- Habilite RBAC e namespaces separados para isolar ambientes.

- Configure conexões e variáveis no Airflow usando Secrets.

- Use versionamento para os DAGs (Git, CI/CD).

- Habilite smart sensors para reduzir carga no scheduler.

Resumo Estratégico

O deploy de pipelines Airflow com Terraform transforma radicalmente a maneira como times de dados orquestram workflows complexos, integrando dados entre sistemas e garantindo rastreabilidade ponta a ponta. Automatizar o provisionamento do Airflow, junto com a configuração de DAGs e o monitoramento integrado, oferece não apenas eficiência, mas também resiliência operacional.

A integração com Kubernetes e Helm amplia o alcance técnico, permitindo escalar pipelines conforme o crescimento das demandas do negócio. Serviços gerenciados como MWAA e Cloud Composer oferecem soluções robustas para empresas que preferem reduzir a carga operacional, sem perder o controle do pipeline.

CAPÍTULO 16. DEPLOY DE MLFLOW PARA MLOPS

O MLflow tornou-se uma das ferramentas centrais no ecossistema MLOps, permitindo rastrear experimentos, gerenciar modelos, armazenar artefatos e promover modelos de machine learning para produção de maneira organizada e auditável. Quando integrado com Terraform, o deploy do MLflow e sua infraestrutura associada ganha um nível adicional de previsibilidade e escalabilidade. Abordaremos, neste módulo, o provisionamento de MLflow utilizando Terraform, a integração com pipelines e o gerenciamento de modelos.

Provisionamento de MLflow

O MLflow pode ser implantado em múltiplos ambientes: local, em máquinas virtuais, em Kubernetes, ou integrado a serviços gerenciados. O Terraform permite provisionar toda a base de infraestrutura necessária para hospedar MLflow, incluindo servidores, storage e banco de dados backend.

Deploy em EC2 + PostgreSQL (AWS)

hcl

```
resource "aws_instance" "mlflow_server" {
  ami           = "ami-0c55b159cbfafe1f0"
  instance_type = "t3.medium"
  key_name      = "mlflow-key"
```

```
  tags = {
    Name = "MLflowServer"
  }
}


resource "aws_db_instance" "mlflow_db" {
    identifier     = "mlflowdb"
    engine         = "postgres"
    instance_class  = "db.t3.micro"
    allocated_storage = 20
    name           = "mlflow"
    username       = "mlflow_user"
    password       = var.db_password
    parameter_group_name = "default.postgres14"
    skip_final_snapshot = true
}
```

Depois de provisionar as máquinas, instale o MLflow Server apontando para o backend e storage:

bash

```
mlflow server \
    --backend-store-uri postgresql://
mlflow_user:senha@mlflow-db-endpoint:5432/mlflow \
    --default-artifact-root s3://mlflow-artifacts \
```

--host 0.0.0.0 --port 5000

Deploy em Kubernetes com Helm

No Kubernetes, o deploy de MLflow é mais robusto, e o Helm facilita essa instalação.

hcl

```
resource "helm_release" "mlflow" {
  name     = "mlflow"
  repository = "https://community-charts.github.io/helm-charts"
  chart    = "mlflow"
  namespace = "mlops"

  values = [
    file("mlflow-values.yaml")
  ]
}
```

No arquivo mlflow-values.yaml definimos os endpoints do banco, storage e configurações específicas, incluindo variáveis de ambiente e recursos de CPU/memória.

Integração com Pipelines

Integrar MLflow com pipelines de machine learning permite rastrear experimentos, armazenar métricas e promover modelos de forma automatizada. As principais etapas dessa integração são:

- Configurar o backend tracking URI nas pipelines.

- Usar APIs MLflow para logar métricas, parâmetros e artefatos.

- Automatizar o deploy de modelos aprovados.

Configuração do Tracking URI

Dentro do código da pipeline (exemplo em Python):

python

```python
import mlflow

mlflow.set_tracking_uri("http://mlflow-server:5000")
mlflow.set_experiment("meu_experimento")

with mlflow.start_run():
    mlflow.log_param("param1", 10)
    mlflow.log_metric("metric1", 0.85)
    mlflow.sklearn.log_model(model, "model")
```

Automatização com CI/CD

Utilize ferramentas como GitHub Actions, GitLab CI ou Jenkins para disparar experimentos, treinar modelos e registrar resultados automaticamente. Por exemplo, no GitHub Actions:

yaml

```yaml
- name: Run MLflow pipeline
  run: |
    mlflow run . -P alpha=0.5 -P l1_ratio=0.1
```

Gerenciamento de Modelos

O MLflow oferece funcionalidades robustas para gerenciar modelos, incluindo registro, versionamento e deploy. O componente Model Registry facilita o controle de ciclo de vida dos modelos.

Registrar Modelo:

python

```
import mlflow

result = mlflow.register_model(
    "runs:/<run_id>/model",
    "meu_modelo"
)
```

Promover Modelo:

python

```
from mlflow.tracking import MlflowClient

client = MlflowClient()
client.transition_model_version_stage(
    name="meu_modelo",
    version=1,
    stage="Production"
)
```

Serve Modelo:

Rodar um modelo como API REST:

bash

```
mlflow models serve -m models:/meu_modelo/Production -p 1234
```

Essa abordagem facilita a criação de APIs que podem ser integradas diretamente a aplicações de produção.

Resolução de Erros Comuns

Erro: Database connection failed
Solução: Verifique a string de conexão, se a porta do banco está aberta e se as credenciais estão corretas.

Erro: S3 bucket permission denied
Solução: Garanta que a role ou usuário tenha políticas s3:PutObject e s3:GetObject.

Erro: Incompatible MLflow client/server version
Solução: Alinhe as versões instaladas no ambiente local e no servidor.

Erro: Model stage transition error
Solução: Configure usuários e permissões corretamente no MLflow Tracking Server.

Erro: Helm chart deploy failed
Solução: Valide o arquivo values.yaml, use helm lint e helm diff upgrade antes de aplicar.

Boas Práticas

- Use Terraform para automatizar não só o deploy, mas também o versionamento da infraestrutura MLflow.

- Separe ambientes (dev, stage, prod) usando workspaces e arquivos .tfvars.

- Configure TLS para acesso seguro ao MLflow Server.

- Integre MLflow com fontes de autenticação (OAuth2, LDAP) para controle de acesso.

- Documente claramente o ciclo de vida dos modelos no Model Registry.

Resumo Estratégico

O deploy de MLflow usando Terraform consolida o pilar de rastreabilidade e governança nas operações de MLOps, garantindo que experimentos, modelos e métricas sejam tratados como ativos empresariais. Ao provisionar infraestrutura de forma declarativa e conectá-la diretamente a pipelines automatizados, as equipes ganham agilidade, reprodutibilidade e confiança em todo o ciclo de vida do machine learning.

A integração com pipelines eleva o nível operacional, permitindo monitorar experimentos em larga escala, comparar resultados e automatizar deploys para produção. O gerenciamento cuidadoso de modelos com o Model Registry assegura que apenas versões aprovadas estejam disponíveis para uso em ambiente crítico.

CAPÍTULO 17. AUTOMAÇÃO COM CI/CD (GITHUB ACTIONS, GITLAB CI)

A automação com pipelines CI/CD (Integração Contínua e Entrega Contínua) é um divisor de águas para times que trabalham com Terraform, permitindo que infraestrutura, aplicações e testes sejam orquestrados de forma previsível, escalável e auditável. Plataformas como GitHub Actions e GitLab CI tornaram-se essenciais nesse processo, viabilizando pipelines automáticos para validar, aplicar e monitorar mudanças de infraestrutura com Terraform. Analisaremos como montar pipelines de Terraform utilizando essas plataformas, integrar automação de testes, e habilitar o deploy contínuo.

Pipeline Terraform

No contexto de CI/CD, um pipeline Terraform bem desenhado garante que cada alteração no código de infraestrutura passe por validação e aprovação antes de ser aplicada no ambiente produtivo. As etapas fundamentais de um pipeline são:

1. Inicialização (terraform init)

2. Validação (terraform validate)

3. Formatação (terraform fmt)

4. Planejamento (terraform plan)

5. Aplicação (terraform apply)

6. (Opcional) Destruição (terraform destroy em ambientes temporários)

Exemplo com GitHub Actions:

yaml

```
name: Terraform Pipeline

on:
  push:
    branches:
      - main

jobs:
  terraform:
    runs-on: ubuntu-latest

    steps:
    - name: Checkout code
      uses: actions/checkout@v2

    - name: Setup Terraform
      uses: hashicorp/setup-terraform@v2

    - name: Terraform Init
      run: terraform init
```

```
      - name: Terraform Format
        run: terraform fmt -check

      - name: Terraform Validate
        run: terraform validate

      - name: Terraform Plan
        run: terraform plan

      - name: Terraform Apply
        if: github.ref == 'refs/heads/main'
        run: terraform apply -auto-approve
```

Com GitLab CI:

yaml

```
stages:
  - init
  - validate
  - plan
  - apply

variables:
  TF_ROOT: .
```

```
init:
  stage: init
  script:
    - terraform init

validate:
  stage: validate
  script:
    - terraform validate

plan:
  stage: plan
  script:
    - terraform plan -out=tfplan

apply:
  stage: apply
  when: manual
  script:
    - terraform apply -auto-approve tfplan
```

Esses exemplos garantem que o código seja validado e aplicado de maneira ordenada e transparente, promovendo confiança nas mudanças.

Automação de Testes

A automação de testes em pipelines CI/CD para Terraform envolve principalmente:

- Testes estáticos: terraform validate, terraform fmt

- Testes de segurança: integração com ferramentas como Checkov, tfsec, ou Terrascan

- Testes unitários e mocks: usando frameworks como Terratest ou kitchen-terraform

Modelo com Checkov no GitHub Actions:

yaml

```
- name: Run Checkov scan
  uses: bridgecrewio/checkov-action@master
  with:
    directory: .
```

Com tfsec no GitLab CI:

yaml

```
tfsec:
  stage: validate
  script:
    - curl -s https://raw.githubusercontent.com/aquasecurity/tfsec/master/scripts/install_linux.sh | bash
    - tfsec .
```

As ferramentas descritas analisam o código Terraform em busca de más práticas, vulnerabilidades e não conformidades antes que cheguem à produção.

Deploy Contínuo

O deploy contínuo com Terraform significa que as mudanças aprovadas no repositório serão automaticamente aplicadas no ambiente de destino sem intervenção manual. Para isso, recomenda-se:

- Gerenciar o state em backend remoto (S3, Google Cloud Storage, Azure Storage)

- Utilizar workspaces para separar ambientes (dev, staging, prod)

- Proteger branches com regras de aprovação

- Configurar pipelines com etapas manuais para ambientes sensíveis

Controle por ambiente no GitHub Actions:

yaml

```
- name: Terraform Apply Dev
  if: github.ref == 'refs/heads/dev'
  run: terraform apply -auto-approve


- name: Terraform Apply Prod
  if: github.ref == 'refs/heads/main'
  run: terraform apply -auto-approve
```

Configuração de backend remoto no Terraform:

hcl

```
terraform {
  backend "s3" {
    bucket = "meu-tfstate"
    key    = "infra/terraform.tfstate"
    region = "us-east-1"
  }
}
```

Assim, assegura-se que múltiplos pipelines e usuários possam trabalhar simultaneamente sem sobrescrever o state.

Resolução de Erros Comuns

Erro: Error acquiring the state lock
Solução: Configure lock remoto no backend, revise o paralelismo e, se necessário, destrave manualmente usando comandos force-unlock.

Erro: Provider plugin not found
Solução: Use hashicorp/setup-terraform para garantir a versão correta ou configure explicitamente os providers no código.

Erro: Secrets or credentials missing
Solução: Configure secrets no GitHub (Settings → Secrets) ou GitLab (CI/CD → Variables) e referencie-os corretamente.

Erro: Failed plan due to drift
Solução: Execute terraform refresh ou terraform plan para identificar mudanças não gerenciadas.

Erro: Manual approval missing in sensitive stage
Solução: Configure when: manual no GitLab ou required reviewers no GitHub para etapas de produção.

Boas Práticas

- Utilize branches dedicadas para cada ambiente e proteja main e prod com revisões obrigatórias.

- Armazene o state em backends remotos com locking habilitado.

- Separe pipelines por ambiente usando workspaces ou diretórios.

- Integre verificações de segurança e compliance automaticamente.

- Documente pipelines, variáveis e segredos no repositório.

Resumo estratégico

A automação com CI/CD transforma a maneira como organizações lidam com infraestrutura e aplicações, promovendo mudanças rápidas, seguras e auditáveis. Com GitHub Actions e GitLab CI, os pipelines Terraform tornam-se não apenas scripts, mas verdadeiros orquestradores de infraestrutura, garantindo que cada mudança passe por testes, validação e deploy de forma transparente.

A automação de testes aumenta a confiança, reduz erros humanos e antecipa vulnerabilidades que poderiam comprometer a operação. O deploy contínuo, por sua vez, libera as equipes para focarem em inovação em vez de tarefas repetitivas, mantendo o alinhamento entre desenvolvimento e operações.

CAPÍTULO 18. SEGURANÇA E COMPLIANCE

Segurança e compliance são pilares fundamentais na gestão de infraestrutura como código com Terraform, especialmente em ambientes corporativos que lidam com dados sensíveis, regulamentações e auditorias. Ignorar essas preocupações pode levar a violações graves, perdas financeiras e danos à reputação. Apresentaremos como implementar policies e roles, aplicar validação e linting e proteger dados sensíveis

Policies e Roles

Controlar quem pode fazer o quê na infraestrutura é essencial para minimizar riscos. O Terraform integra-se a provedores de nuvem e ferramentas externas para gerenciar policies e roles, garantindo que apenas usuários ou processos autorizados executem determinadas ações.

Modelo AWS IAM Policies e Roles:

hcl

```
resource "aws_iam_role" "terraform_role" {
  name = "terraform-role"

  assume_role_policy = jsonencode({
    Version = "2012-10-17",
    Statement = [{
      Effect   = "Allow",
```

```
    Principal = {
      Service = "ec2.amazonaws.com"
    },
    Action   = "sts:AssumeRole"
   }]
 })
}


resource "aws_iam_policy" "terraform_policy" {
  name        = "terraform-policy"
  description = "Policy for Terraform"

  policy = jsonencode({
    Version = "2012-10-17",
    Statement = [{
      Effect   = "Allow",
      Action   = ["ec2:*", "s3:*"],
      Resource = "*"
    }]
  })
}


resource "aws_iam_role_policy_attachment" "attach" {
  role       = aws_iam_role.terraform_role.name
  policy_arn = aws_iam_policy.terraform_policy.arn
```

```
}
```

Google Cloud IAM:

hcl

```
resource "google_project_iam_member" "terraform_member" {
  project = var.project_id
  role    = "roles/editor"
  member  = "serviceAccount:terraform@my-
project.iam.gserviceaccount.com"
}
```

Azure Role Assignment:

hcl

```
resource "azurerm_role_assignment" "terraform_assignment" {
  principal_id =
azurerm_user_assigned_identity.identity.principal_id
  role_definition_name = "Contributor"
  scope       = azurerm_resource_group.rg.id
}
```

Essas configurações evitam permissões excessivas e ajudam a aplicar o princípio do menor privilégio.

Validação e Linting

Validação e linting permitem identificar problemas de segurança, estilo e boas práticas antes mesmo do deploy, reduzindo riscos e melhorando a qualidade do código.

Terraform Validate:

Executa checagem sintática e lógica.

bash

terraform validate

Terraform Fmt:

Garante formatação consistente.

bash

terraform fmt -check

Checkov:

Ferramenta de segurança que detecta configurações inseguras.

bash

checkov -d .

tfsec:

Scanner que aponta vulnerabilidades conhecidas.

bash

tfsec .

TFLint:

Linter para detectar erros de sintaxe e práticas não recomendadas.

bash

tflint

Integrar essas ferramentas ao pipeline CI/CD torna o processo contínuo e padronizado.

Proteção de dados sensíveis

Manter dados sensíveis seguros é um requisito crítico. Senhas, tokens e chaves de API nunca devem ser hardcoded no código Terraform ou nos repositórios.

Variáveis sensíveis:

hcl

```hcl
variable "db_password" {
  type     = string
  sensitive = true
}
```

Passagem de variáveis via CLI:

bash

```bash
terraform apply -var "db_password=${DB_PASSWORD}"
```

Uso de Backends Seguros

Configure S3 com criptografia, Google Cloud Storage ou Azure Storage com versionamento e proteção de acesso.

hcl

```hcl
terraform {
  backend "s3" {
    bucket     = "my-secure-bucket"
    key        = "terraform.tfstate"
```

```
  region    = "us-east-1"
  encrypt   = true
  dynamodb_table = "terraform-lock"
 }
}
```

Cofres de segredo:

Integre Terraform com HashiCorp Vault, AWS Secrets Manager, Google Secret Manager ou Azure Key Vault para acessar segredos dinamicamente.

hcl

```
data "vault_generic_secret" "db_password" {
  path = "secret/data/db_password"
}
```

Resolução de Erros Comuns

Erro: Insufficient permissions
Solução: Revise as permissões, aplique o princípio do menor privilégio, adicione apenas as ações necessárias.

Erro: Unencrypted state file
Solução: Habilite criptografia no backend, use locks e restrinja acesso ao bucket.

Erro: Secret in plain text
Solução: Substitua por variável sensível, remova do histórico Git e armazene em cofre de segredos.

Erro: Policy too permissive
Solução: Refine as policies para abranger apenas os recursos e ações necessários.

Erro: Compliance check failed

Solução: Corrija as recomendações das ferramentas antes de prosseguir com o deploy.

Boas Práticas

- Aplique o princípio do menor privilégio em todos os recursos.

- Use ferramentas automáticas de linting e validação em cada commit.

- Gerencie o state em backends seguros e com criptografia habilitada.

- Integre cofres de segredo para armazenar e recuperar dados sensíveis.

- Configure alertas e logs para monitorar mudanças em policies e roles.

Resumo Estratégico

Segurança e compliance em projetos Terraform vão muito além de evitar falhas técnicas: eles garantem que a operação de TI esteja alinhada às exigências legais, às expectativas do negócio e às melhores práticas globais. Implementar policies e roles corretos reduz a superfície de ataque e protege os recursos mais valiosos. Aplicar validação e linting assegura que o código esteja limpo, consistente e aderente a padrões. Proteger dados sensíveis é uma obrigação ética e regulatória, mitigando riscos que poderiam comprometer a confiança da organização.

CAPÍTULO 19. MONITORAMENTO COM PROMETHEUS E GRAFANA

O monitoramento com Prometheus e Grafana tornou-se essencial em ambientes de infraestrutura moderna, especialmente quando operamos com Terraform, Kubernetes, cloud e aplicações distribuídas. Essas ferramentas permitem visualizar métricas, identificar anomalias, detectar gargalos e responder proativamente a incidentes. Quando integradas ao ciclo Terraform, Prometheus e Grafana proporcionam visibilidade completa sobre a infraestrutura, pipelines e serviços, promovendo operações mais resilientes e previsíveis. Veremos como configurar exporters Terraform, construir dashboards eficientes e ativar alertas automáticos.

Exporters Terraform

Para coletar métricas de ambientes provisionados com Terraform, utilizamos exporters — componentes que expõem métricas no formato compreendido pelo Prometheus. Enquanto o Terraform em si não possui um exporter nativo, a infraestrutura provisionada pode ser instrumentada com exporters específicos, dependendo do contexto.

Node Exporter (máquinas provisionadas)

Nas máquinas virtuais criadas com Terraform (AWS EC2, Google Compute Engine, Azure VMs), instalamos o Node Exporter:

hcl

```
resource "null_resource" "install_node_exporter" {
  provisioner "remote-exec" {
```

```
inline = [

  "wget https://github.com/prometheus/node_exporter/
releases/download/v1.3.1/node_exporter-1.3.1.linux-
amd64.tar.gz",

  "tar xvfz node_exporter-1.3.1.linux-amd64.tar.gz",

  "sudo mv node_exporter-1.3.1.linux-amd64/
node_exporter /usr/local/bin/",

  "sudo useradd -rs /bin/false node_exporter",

  "sudo tee /etc/systemd/system/node_exporter.service
<<EOF",

  "[Unit]",

  "Description=Node Exporter",

  "[Service]",

  "User=node_exporter",

  "ExecStart=/usr/local/bin/node_exporter",

  "[Install]",

  "WantedBy=default.target",

  "EOF",

  "sudo systemctl daemon-reload",

  "sudo systemctl start node_exporter",

  "sudo systemctl enable node_exporter"

]


connection {
  type    = "ssh"
  user    = "ec2-user"
```

```
    private_key = file("~/.ssh/id_rsa")
    host    = aws_instance.meu_servidor.public_ip
  }
 }
}
```

Kube State Metrics (Kubernetes)

Em clusters Kubernetes criados com Terraform, incluímos kube-state-metrics para monitorar recursos do cluster:

hcl

```
resource "helm_release" "kube_state_metrics" {
  name     = "kube-state-metrics"
  repository = "https://prometheus-community.github.io/helm-charts"
  chart    = "kube-state-metrics"
  namespace = "monitoring"
}
```

Cloud Exporters

- AWS → CloudWatch Exporter

- Google Cloud → Stackdriver Exporter

- Azure → Azure Monitor Exporter

Cada um exige permissões específicas configuradas com Terraform e exposição de métricas em endpoints visíveis pelo Prometheus.

Dashboards

Com métricas sendo coletadas, configuramos dashboards no Grafana para transformar dados em insights.

Provisionamento de Grafana com Terraform

hcl

```hcl
resource "grafana_dashboard" "node_dashboard" {
  config_json = file("node_exporter_dashboard.json")
}
```

Esse JSON pode ser exportado diretamente do Grafana UI após montagem manual ou gerado com ferramentas como grafonnet e grizzly.

Dashboards Recomendados

- Infraestrutura (CPU, RAM, disco, rede por host)

- Kubernetes (pods, nodes, deployments, namespaces)

- Bancos de dados (PostgreSQL, MySQL, MongoDB)

- Aplicações (latência, throughput, erros, filas)

- Pipeline CI/CD (tempo de build, falhas, sucesso por branch)

Dashboards bem projetados evitam excesso de gráficos, organizam métricas por contexto (infraestrutura, aplicação, rede) e facilitam a leitura visual rápida.

Alertas Automáticos

Os alertas automáticos permitem agir antes que incidentes se tornem críticos. Prometheus e Grafana oferecem mecanismos nativos de alerta.

Alerting com Prometheus

yaml

```yaml
groups:
- name: node_alerts
  rules:
  - alert: HighCPUUsage
    expr: 100 - (avg by(instance)
(irate(node_cpu_seconds_total{mode="idle"}[5m])) * 100) > 90
    for: 5m
    labels:
      severity: critical
    annotations:
      summary: "High CPU usage on {{ $labels.instance }}"
      description: "CPU usage is above 90% for 5 minutes."
```

Integrando com Alertmanager

O Alertmanager recebe alertas e os encaminha para Slack, email, PagerDuty etc.

yaml

```yaml
receivers:
- name: slack-notifications
  slack_configs:
  - channel: "#alerts"
    send_resolved: true
```

Alertas no Grafana

Grafana permite criar alertas diretamente nos painéis:

1. Acesse o gráfico → Alert → Create alert.

2. Defina condições e limiares.

3. Configure notificações para Slack, Email ou Webhooks.

Resolução de Erros Comuns

Erro: Exporter not reachable
Solução: Libere a porta no security group ou configure VPC peering.

Erro: High cardinality metrics
Solução: Filtre rótulos irrelevantes no Prometheus scrape config.

Erro: Alert flood
Solução: Ajuste thresholds e for para reduzir falsos positivos.

Erro: Dashboard provisioning failed
Solução: Valide o JSON no Grafana antes de importar via Terraform.

Erro: Disk full on Prometheus server
Solução: Reduza --storage.tsdb.retention.time e configure um volume maior.

Boas Práticas

- Use exporters oficiais e mantenha-os atualizados.

- Limite o scrape interval de métricas menos críticas.

- Separe Prometheus e Grafana em namespaces e clusters isolados.

- Documente cada dashboard e seu propósito.

- Use alertas com severidades diferenciadas (warning, critical).

Resumo Estratégico

O monitoramento com Prometheus e Grafana, integrado ao Terraform, transforma operações reativas em operações proativas. Ao instrumentar corretamente a infraestrutura com exporters, configurar dashboards alinhados ao contexto técnico e ativar alertas automáticos, as equipes ganham visibilidade e capacidade de resposta sem precedentes.

Mais do que coletar métricas, o monitoramento eficaz organiza os dados em histórias compreensíveis que orientam decisões, detectam falhas e otimizam recursos. Resolver erros comuns e adotar boas práticas garante que o ambiente de monitoramento seja robusto, eficiente e alinhado às necessidades do negócio.

CAPÍTULO 20. INTEGRAÇÃO COM ANSIBLE

A integração entre Terraform e Ansible é uma combinação poderosa para operações modernas de infraestrutura e configuração. Terraform provisiona a infraestrutura base — máquinas virtuais, redes, storage, balanceadores — enquanto Ansible entra em ação para configurar o sistema operacional, instalar pacotes, gerenciar serviços e aplicar hardening. Essa separação clara de responsabilidades proporciona flexibilidade, modularidade e escalabilidade para equipes DevOps e de infraestrutura. A seguir, serão detalhados os mecanismos para realizar chamadas cruzadas entre Terraform e Ansible e a criação de playbooks automáticos

Chamada Cruzada Terraform → Ansible

O fluxo Terraform → Ansible funciona em três etapas principais:

1. Terraform provisiona infraestrutura (EC2, GCE, Azure VM, etc.).

2. Terraform gera arquivos de inventário dinâmico ou arquivos de hosts.

3. Terraform dispara playbooks Ansible usando provisioners locais, módulos local-exec ou integrações de CI/CD.

Geração de inventário

Terraform pode gerar dinamicamente um arquivo de inventário que será usado pelo Ansible:

hcl

```
resource "local_file" "inventory" {
  content = templatefile("${path.module}/inventory.tpl", {
    ip = aws_instance.servidor.public_ip
  })
  filename = "${path.module}/inventory.ini"
}
```

Exemplo de inventory.tpl:

bash

```
[web]
${ip} ansible_user=ec2-user
```

Execução Automática

Com o inventário pronto, Terraform pode chamar o Ansible:

hcl

```
resource "null_resource" "ansible_provision" {
  provisioner "local-exec" {
    command = "ANSIBLE_HOST_KEY_CHECKING=False ansible-playbook -i ${local_file.inventory.filename} playbook.yml"
  }
}
```

Esse modelo conecta perfeitamente os dois mundos, garantindo que a configuração ocorra logo após o provisionamento.

Playbooks Automáticos

Os playbooks Ansible são scripts YAML que descrevem a configuração desejada para as máquinas provisionadas. Podem automatizar desde instalação de pacotes até configuração de aplicações e serviços.

Playbook básico:

yaml

```
- name: Configurar servidores web
  hosts: web
  become: yes
  tasks:
    - name: Instalar Nginx
      apt:
        name: nginx
        state: present
        update_cache: yes

    - name: Ativar e iniciar o Nginx
      systemd:
        name: nginx
        enabled: yes
        state: started
```

O playbook pode ser referenciado automaticamente após o deploy com Terraform, garantindo que cada máquina saia do pipeline já configurada e pronta para uso.

Playbooks mais avançados podem incluir handlers, templates Jinja2, roles, vaults para senhas e tags para execução seletiva.

Exemplo Prático

Provisionar um EC2 com Terraform e configurar automaticamente com Ansible.

1. Código Terraform:

hcl

```hcl
provider "aws" {
  region = "us-east-1"
}


resource "aws_instance" "web" {
  ami          = "ami-0c55b159cbfafe1f0"
  instance_type = "t3.micro"
  key_name     = "my-key"


  tags = {
    Name = "WebServer"
  }
}
```

```
resource "local_file" "inventory" {
  content = "[web]\n${aws_instance.web.public_ip}
ansible_user=ec2-user"
  filename = "${path.module}/inventory.ini"
}


resource "null_resource" "ansible" {
  depends_on = [aws_instance.web]


  provisioner "local-exec" {
    command = "ANSIBLE_HOST_KEY_CHECKING=False
ansible-playbook -i ${local_file.inventory.filename}
playbook.yml"
  }
}
```

2. Playbook Ansible (playbook.yml)**:**

yaml

```
- name: Configurar webserver
  hosts: web
  become: yes
  tasks:
    - name: Instalar Apache
      yum:
        name: httpd
```

```
        state: present


    - name: Iniciar Apache
      service:
        name: httpd
        state: started
        enabled: yes
```

O fluxo garante que após o Terraform subir a instância, o Ansible automaticamente configure o Apache no servidor.

Resolução de Erros Comuns

Erro: SSH authentication failure
Solução: Garanta que a chave privada usada pelo Ansible corresponda à configurada no Terraform e que o usuário esteja correto no inventário.

Erro: Host unreachable
Solução: Verifique regras de firewall, configure security groups no Terraform e adicione um pause no playbook, se necessário.

Erro: Inventory file missing or malformed
Solução: Valide o template no Terraform, use terraform output para gerar IPs corretamente e teste o inventário com ansible-inventory --list.

Erro: Local-exec command fails silently
Solução: Use set -eux nos scripts chamados para capturar erros e imprima outputs relevantes.

Erro: Ansible variables not passed
Solução: Gere um arquivo .yml com local_file e inclua-o com -e @vars.yml no playbook.

Boas Práticas

- Separe o Terraform em módulos e o Ansible em roles para máxima reutilização.

- Configure pipelines CI/CD para orquestrar Terraform e Ansible de forma ordenada.

- Use tags no Ansible para executar apenas partes específicas do playbook em updates.

- Configure Vault ou Ansible Vault para proteger variáveis sensíveis.

- Utilize Ansible Dynamic Inventory para integrar com cloud APIs em ambientes maiores.

Resumo Estratégico

A integração entre Terraform e Ansible cria um ciclo completo de provisionamento e configuração, permitindo que times entreguem infraestrutura e aplicações já preparadas para produção com rapidez e segurança. Terraform assegura que os recursos estejam disponíveis de forma padronizada e auditável; Ansible transforma esses recursos em ambientes prontos, consistentes e alinhados aos requisitos de negócio.

O uso inteligente de chamadas cruzadas, playbooks automáticos e pipelines orquestrados reduz drasticamente o tempo entre a criação da infraestrutura e a entrega de valor. Conhecer e resolver erros comuns garante fluidez no processo, enquanto as boas práticas fortalecem a governança e a qualidade técnica.

CAPÍTULO 21. INTEGRAÇÃO COM JENKINS

Integrar Terraform com Jenkins é um passo poderoso para transformar pipelines CI/CD em fluxos de entrega completos e confiáveis, unindo a robustez de um dos orquestradores mais populares do mundo DevOps com a flexibilidade do Terraform para gerenciar infraestrutura. Essa integração permite gerenciar não apenas o ciclo de software, mas também a infraestrutura como código, oferecendo automação ponta a ponta, auditoria e rastreabilidade. O capítulo explora como construir pipelines declarativos no Jenkins e conectar essa automação com fluxos CI/CD

Pipeline Declarativo

No Jenkins, o pipeline declarativo é o formato mais popular e moderno para descrever automações. Ele permite definir etapas, condições, ambiente, agentes e ações de maneira organizada e padronizada.

Um pipeline básico para Terraform inclui:

- **Preparação do ambiente:** checkout do repositório, instalação do Terraform.

- **Validação:** terraform fmt, terraform validate.

- **Planejamento:** terraform plan.

- **Aplicação:** terraform apply.

Exemplo de pipeline declarativo no Jenkinsfile:

groovy

```groovy
pipeline {
    agent any

    environment {
        TF_VERSION = '1.4.6'
    }

    stages {
        stage('Checkout') {
            steps {
                checkout scm
            }
        }

        stage('Install Terraform') {
            steps {
                sh 'wget https://releases.hashicorp.com/terraform/${TF_VERSION}/terraform_${TF_VERSION}_linux_amd64.zip'
                sh 'unzip terraform_${TF_VERSION}_linux_amd64.zip'
                sh 'sudo mv terraform /usr/local/bin/'
            }
        }
```

```
stage('Init') {
    steps {
        sh 'terraform init'
    }
}

stage('Validate') {
    steps {
        sh 'terraform fmt -check'
        sh 'terraform validate'
    }
}

stage('Plan') {
    steps {
        sh 'terraform plan -out=tfplan'
    }
}

stage('Apply') {
    when {
        branch 'main'
    }
    steps {
```

```
            input message: 'Aprovar aplicação?', ok: 'Aprovar'
            sh 'terraform apply -auto-approve tfplan'
        }
    }
}


post {
    always {
        archiveArtifacts artifacts: '**/*.tfplan',
allowEmptyArchive: true
    }
}
}
```

Esse pipeline executa etapas essenciais de Terraform, exige aprovação manual para ambientes sensíveis e arquiva o plano para rastreabilidade.

Integração CI/CD

A integração CI/CD completa com Jenkins e Terraform vai além do simples pipeline: conecta código, infraestrutura e aplicação em um único fluxo.

Componentes essenciais:

- **Controle de versão (GitHub, GitLab, Bitbucket):** o Jenkins deve ouvir commits, pull requests ou merges.

- **Secrets management:** use Jenkins Credentials para armazenar tokens, chaves SSH e variáveis sensíveis.

- **Notificações:** integre Slack, email ou Microsoft Teams para alertar sobre mudanças e falhas.

- **Pipeline multibranch:** configure pipelines distintos por branch (dev, staging, prod).

Modelo de triggers no Jenkinsfile:

groovy

```groovy
triggers {
   githubPush()
}
```

No Jenkins, configure o Webhook no repositório para notificar automaticamente a cada push.

Exemplo Prático

Imaginemos um time que precisa provisionar clusters Kubernetes em AWS, configurar storage em S3 e aplicar políticas de segurança. O fluxo real ficaria assim:

1. **Dev faz commit no branch dev → Jenkins dispara pipeline.**

2. **Pipeline executa:**

   ○ terraform fmt, validate, plan.

   ○ Cria clusters EKS e buckets S3.

   ○ Atualiza regras IAM.

3. **Stage apply exige aprovação manual no Jenkins:**

- o Usuário aprova.

- o terraform apply executa.

4. **Notificação em Slack sobre sucesso/falha.**

Jenkinsfile adaptado:

groovy

```groovy
pipeline {
  agent any

  stages {
    stage('Checkout') {
      steps { checkout scm }
    }

    stage('Terraform Init') {
      steps { sh 'terraform init' }
    }

    stage('Terraform Plan') {
      steps { sh 'terraform plan -out=tfplan' }
    }

    stage('Approval and Apply') {
      when { branch 'main' }
```

```
    steps {

        input message: 'Aprovar deploy?', ok: 'Aprovar'

        sh 'terraform apply -auto-approve tfplan'

    }

  }

}


post {

  success {

    slackSend channel: '#deployments', message: "Deploy
bem-sucedido no ambiente main."

  }

  failure {

    slackSend channel: '#alerts', message: "Erro no deploy
no ambiente main."

  }

 }

}
```

Resolução de Erros Comuns

Erro: Terraform binary not found
Solução: Instale o Terraform no container, máquina ou use
hashicorp/setup-terraform em pipelines declarativos.

Erro: Credentials not provided
Solução: Configure Jenkins Credentials e injete-as no ambiente
do pipeline.

Erro: Concurrent apply conflict

Solução: Habilite locking no backend remoto e serialize execuções com filas no Jenkins.

Erro: Plan differs from applied state
Solução: Execute terraform refresh antes do plan para sincronizar estado.

Erro: Approval stage bypassed
Solução: Configure input obrigatório antes do apply.

Boas Práticas

- Separe pipelines por ambiente com multibranch ou diretórios (dev, stage, prod).

- Use terraform plan como gate obrigatório antes do apply.

- Proteja branches críticos com pull requests e revisões.

- Configure rollback manual em caso de falha no deploy.

- Utilize módulos Terraform para evitar duplicação no código.

Resumo Estratégico

A integração de Jenkins com Terraform eleva a automação de infraestrutura para um novo patamar, transformando pipelines em fluxos consistentes, auditáveis e rápidos. Com pipelines declarativos bem estruturados, integrações de CI/CD refinadas e fluxos de aprovação claros, times conseguem entregar mudanças de infraestrutura com segurança e agilidade.

Os benefícios vão além do time técnico: o negócio passa a ter operações previsíveis, menos incidentes e maior velocidade para lançar novos produtos e serviços.

CAPÍTULO 22. DIAGNÓSTICO E DEBUG

Diagnóstico e debug são etapas fundamentais para manter operações estáveis, reduzir o tempo de resposta a falhas e garantir a continuidade de pipelines e infraestrutura automatizados com Terraform. Não basta apenas aplicar comandos e esperar sucesso: equipes maduras sabem interpretar logs, analisar comportamentos inesperados e usar ferramentas externas para identificar pontos de falha com precisão. Exploraremos, nesta etapa, como habilitar e usar debug logs, realizar análise de falhas e integrar ferramentas externas.

Debug Logs

Terraform oferece recursos nativos para aumentar a verbosidade dos logs, permitindo investigar problemas de execução, desde falhas de autenticação até comportamentos inesperados em recursos provisionados.

Habilitação de Debug Logs

Terraform utiliza a variável de ambiente `TF_LOG` para controlar o nível de detalhamento dos logs:

- `TRACE`: nível mais detalhado, incluindo todos os eventos.

- `DEBUG`: detalhes técnicos extensos, útil para análise técnica.

- `INFO`: mensagens informativas padrão.

- WARN: apenas avisos e alertas.

- ERROR: apenas erros críticos.

Execução com logs detalhados:

bash

```
TF_LOG=DEBUG terraform apply
```

Além disso, é recomendável redirecionar os logs para um arquivo para facilitar a análise posterior:

bash

```
TF_LOG=DEBUG terraform apply > debug.log 2>&1
```

TF_LOG_PATH

Se quiser manter o terminal limpo, pode utilizarr:

bash

```
export TF_LOG=DEBUG
export TF_LOG_PATH=terraform-debug.log
terraform apply
```

Esse modelo organiza logs por arquivo, sem poluir a saída do terminal.

Análise de Falhas

Quando algo dá errado em Terraform, a análise de falhas eficiente envolve três etapas:

1. **Identificar o ponto de falha**

Leia o log de trás para frente; o erro final geralmente carrega a pista mais relevante.

2. **Diferenciar falha de Terraform e falha do provedor**
Um erro de Terraform geralmente envolve sintaxe, dependências ou estado; um erro do provedor indica problemas na API externa (AWS, Azure, GCP).

3. **Reproduzir em ambiente controlado**
Crie um bloco mínimo do código com apenas o recurso problemático e execute isoladamente.

Falhas comuns para análise:

- Error acquiring the state lock: **múltiplas execuções concorrentes.**

- Error parsing .tf files: **erro de sintaxe no código.**

- Provider authentication failed: **credenciais inválidas ou expiração do token.**

- Resource already exists: **tentativa de recriar recurso já existente.**

Ferramentas Externas

Ferramentas externas ajudam a diagnosticar problemas que vão além do Terraform, incluindo dependências, rede e API.

Ping, traceroute, curl:

Úteis para testar conectividade com endpoints externos configurados no Terraform.

bash

```
curl https://api.cloudprovider.com/status
ping endpoint
```

API CLIs (AWS CLI, az CLI, gcloud):

Testar interações diretas com o provedor:

bash

```
aws ec2 describe-instances
az vm list
gcloud compute instances list
```

Terraform Validate, Plan e Graph

- terraform validate: verifica se a configuração está correta.

- terraform plan: simula as mudanças.

- terraform graph: gera um grafo visual das dependências.

bash

```
terraform graph | dot -Tpng > graph.png
```

checkov, tfsec

Ferramentas de segurança que ajudam a identificar erros de configuração que podem não travar o deploy, mas geram risco.

Resolução de Erros Comuns

Erro: Error locking state
Solução: Use terraform force-unlock com o ID do lock, liberando o state manualmente.

Erro: Dependency cycle detected
Solução: Reestruture o código, use depends_on explicitamente quando necessário.

Erro: Provider not installed
Solução: Execute terraform init para baixar e inicializar providers.

Erro: Timeout during apply
Solução: Aumente os timeouts nos blocos do recurso (timeouts), investigue limitações do provedor.

Erro: Authentication failed
Solução: Atualize credenciais, teste a conexão com CLI nativa, verifique roles e policies.

Boas Práticas

- Habilite logs apenas quando necessário para evitar sobrecarga.

- Armazene logs críticos em repositórios centralizados (S3, Cloud Storage, Blob Storage) para auditoria.

- Use terraform validate em cada pull request.

- Simule mudanças com terraform plan antes de aplicar.

- Automatize verificações de segurança com checkov e tfsec no CI/CD.

Resumo Estratégico

Diagnóstico e debug com Terraform são diferenciais cruciais para manter a operação estável, reduzir o tempo de resposta a incidentes e antecipar problemas antes que atinjam ambientes críticos. Habilitar logs detalhados, saber conduzir uma análise organizada, utilizar ferramentas externas e adotar práticas robustas de validação e linting tornam o ambiente mais resiliente e preparado para crescer.

Mais do que resolver falhas, a capacidade de entender e antecipar problemas transforma equipes de TI em parceiros estratégicos do negócio. Isso significa menos tempo perdido com erros repetitivos, mais previsibilidade nas entregas e maior confiança por parte de stakeholders.

CAPÍTULO 23. ESCALABILIDADE E PERFORMANCE

Escalabilidade e performance são aspectos indispensáveis em operações modernas com Terraform, especialmente quando o ambiente cresce para dezenas ou centenas de recursos distribuídos em múltiplas regiões, provedores e ambientes. Um código Terraform mal ajustado pode gerar lentidão, travamentos e até desperdício de recursos na nuvem. Trabalhar de forma eficiente significa construir scripts otimizados, modularizar com inteligência, gerenciar execuções paralelas e resolver rapidamente os gargalos que surgem à medida que a infraestrutura cresce. Veremos como realizar tuning de scripts, estruturar uma modularização eficiente e aplicar gerenciamento paralelo.

Tuning de Scripts

O tuning de scripts Terraform começa na revisão cuidadosa do código para garantir que ele seja enxuto, claro e evite operações desnecessárias.

Simplificação de Expressões:

Evitar cálculos complexos e lógicas excessivas nos arquivos .tf, preferindo pré-processar dados fora do Terraform quando possível.

hcl

```
variable "region" {
  default = "us-east-1"
```

```
}
```

Em vez de embutir expressões longas:

hcl

```
locals {
  full_region = "${var.region}-az1"
}
```

Prefira utilizar locals simples e diretos.

Utilização de Outputs Seletivos

Evite outputs excessivos, que podem impactar o desempenho e aumentar o tamanho do state.

hcl

```
output "vpc_id" {
  value = aws_vpc.main.id
}
```

Só exponha dados realmente necessários para uso em pipelines ou scripts externos.

Redução de Recursos no Ciclo de Teste

Durante testes e desenvolvimento, limite a quantidade de recursos criados usando variáveis condicionais ou workspaces, para acelerar o ciclo plan → apply.

Modularização eficiente

Uma boa modularização é chave para manter performance e organização à medida que o código cresce.

Quebra por Domínio

Divida módulos por domínio lógico: rede, segurança, computação, storage, observabilidade:

```
modules/
├── network/
├── compute/
├── storage/
├── security/
```

Reutilização com Parâmetros

Configure os módulos para receberem variáveis genéricas que permitam reuso:

hcl

```
module "network" {
  source = "./modules/network"
  cidr_block = "10.0.0.0/16"
}
```

Separação de Ambientes

Separe ambientes (dev, stage, prod) por diretório ou workspace, evitando sobrecarga e riscos de alteração acidental entre ambientes.

Evitar acoplamento excessivo:

Utilize outputs e inputs de forma clara entre módulos, sem amarrar módulos de maneira desnecessária.

Gerenciamento Paralelo

Terraform executa operações em paralelo para acelerar execuções, mas é preciso gerenciar isso com cuidado.

Configuração de parallelism:

O parâmetro -parallelism controla o número de operações simultâneas.

bash
```
terraform apply -parallelism=10
```

Aumentar esse valor ajuda em ambientes grandes, mas pode sobrecarregar APIs dos provedores.

Uso de depends_on

Quando necessário garantir ordem, use depends_on explicitamente para evitar falhas em execuções paralelas.

hcl
```
resource "aws_instance" "web" {
  depends_on = [aws_security_group.web_sg]
}
```

Backend Otimizado

Certifique-se de que o backend (S3, GCS, Azure Blob) suporta lock e operações paralelas de forma eficiente.

Resolução de Erros Comuns

Erro: Rate limit exceeded
Solução: Reduza o valor de -parallelism e, se possível, solicite aumento de cota no provedor.

Erro: Resource already exists
Solução: Configure depends_on adequadamente e garanta nomes únicos.

Erro: State file too large
Solução: Reduza outputs, divida o state por ambiente ou módulo, use workspaces.

Erro: Long plan/apply times
Solução: Reestruture o projeto em módulos e execute por partes quando possível.

Erro: Lock timeout
Solução: Configure backend remoto com lock robusto e serialize execuções críticas.

Boas Práticas

- Modularize por domínio e ambiente, não apenas por provedor.

- Use -parallelism de forma balanceada: aumente para ganho de performance, mas monitore limites da API.

- Configure outputs apenas quando necessários para reduzir poluição no state.

- Utilize terraform graph para visualizar dependências e identificar gargalos.

- Adote workspaces para isolar ambientes e reduzir tamanho do state.

Resumo Estratégico

A escalabilidade e a performance de um projeto Terraform não dependem apenas da nuvem ou dos recursos, mas da qualidade do código, da arquitetura modular e do uso otimizado das capacidades paralelas. Ajustar scripts, modularizar com eficiência e gerenciar execuções paralelas garante que a infraestrutura cresça de forma sustentável, sem comprometer a velocidade de entrega nem a estabilidade operacional.

Um time que aplica essas práticas consegue acelerar provisionamentos, reduzir custos operacionais e aumentar a previsibilidade de mudanças, transformando a operação em um motor estratégico para o negócio.

CAPÍTULO 24. OTIMIZAÇÃO DE CUSTOS NA NUVEM

Otimizar custos na nuvem com Terraform é uma prática essencial para evitar desperdício, controlar orçamentos e garantir que os investimentos em infraestrutura estejam alinhados aos objetivos do negócio. À medida que os ambientes crescem em escala e complexidade, o risco de custos invisíveis ou subutilização de recursos aumenta exponencialmente. Um projeto Terraform bem planejado pode não apenas provisionar recursos com eficiência, mas também incluir mecanismos de controle, rastreamento e eliminação de desperdícios. Neste capítulo, serão explorados os pilares da análise de custos, o uso de tags e labels e recomendações práticas para reduzir despesas.

Análise de Custos

A análise de custos começa com visibilidade total sobre os recursos provisionados. Ferramentas nativas dos provedores de nuvem devem ser integradas ao pipeline de gestão.

AWS Cost Explorer:

Permite analisar uso e custos por serviço, tag, região e período.

bash

```
aws ce get-cost-and-usage --time-period
Start=2023-01-01,End=2023-01-31 --granularity MONTHLY --
metrics BlendedCost
```

Google Cloud Billing Reports:

Oferece relatórios detalhados com filtros por projeto e label.

bash

```
gcloud beta billing accounts list
```

Azure Cost Management + Billing:

Proporciona dashboards de consumo por subscription e resource group.

No Terraform, utilizar terraform show e terraform state list ajuda a inventariar recursos implantados e comparar com relatórios financeiros.

Além disso, muitos provedores oferecem APIs que podem ser consumidas por scripts Terraform ou ferramentas externas para gerar relatórios automáticos.

Uso de Tags e Labels

Tags e labels são fundamentais para rastrear, categorizar e controlar custos. Elas permitem agrupar recursos por projeto, ambiente, centro de custo, equipe ou aplicação.

AWS:

hcl

```
resource "aws_instance" "web" {
  tags = {
    Environment = "prod"
    Owner     = "devops-team"
    CostCenter = "finance"
  }
}
```

Google Cloud:

hcl

```hcl
resource "google_compute_instance" "web" {
  labels = {
    environment = "prod"
    owner     = "devops-team"
    costcenter  = "finance"
  }
}
```

Azure:

hcl

```hcl
resource "azurerm_virtual_machine" "web" {
  tags = {
    Environment = "prod"
    Owner     = "devops-team"
    CostCenter  = "finance"
  }
}
```

Essas marcações devem ser padronizadas e obrigatórias em todos os módulos Terraform, garantindo rastreabilidade no momento da análise de fatura.

Recomendações Práticas

- Use instâncias reservadas ou savings plans: para workloads previsíveis.

- Adote autoscaling: dimensiona recursos automaticamente conforme a demanda.

- Escolha tipos de máquina adequados: nem sempre o maior modelo entrega melhor custo-benefício.

- Desligue ambientes não produtivos: configure regras de shutdown fora do horário comercial.

- Configure políticas de expiração: aplique time-to-live (TTL) em ambientes temporários.

- Otimize storage: use classes como S3 Glacier, Google Coldline ou Azure Cool Storage para dados raramente acessados.

- Monitore tráfego de rede: para evitar custos excessivos com transferências entre regiões.

- Use módulos reutilizáveis: reduz duplicação de código e inconsistências que geram desperdício.

Resolução de Erros Comuns

Erro: Missing tags on resources
Solução: Adicione tags no bloco tags ou labels e configure como variável obrigatória no módulo.

Erro: Unused resources left running
Solução: Configure rotinas de terraform destroy em pipelines ou use ttl nos módulos.

Erro: Overprovisioned instances
Solução: Monitore métricas e faça downgrade de instâncias.

Erro: Storage costs unexpectedly high
Solução: Aplique lifecycle rules para mover ou excluir objetos antigos.

Erro: Traffic between regions too expensive
Solução: Reorganize recursos para reduzir tráfego entre regiões ou zonas.

Boas Práticas

- Estabeleça uma nomenclatura padronizada para tags e labels em toda a organização.

- Crie políticas Terraform que rejeitem código sem tags obrigatórias.

- Utilize ferramentas como Infracost para prever custos antes do apply.

- Automatize a geração de relatórios de custos com scripts ou APIs.

- Adote arquitetura serverless quando possível para reduzir gastos com servidores ociosos.

Resumo Estratégico

A otimização de custos na nuvem não é apenas uma questão de economia financeira, mas também de responsabilidade operacional e alinhamento estratégico entre tecnologia e negócio. Incorporar práticas de análise de custos, padronização de tags, automação de relatórios e revisão contínua reduz desperdícios, aumenta previsibilidade orçamentária e fortalece a colaboração entre times técnicos e financeiros.

Quando equipes aplicam as recomendações certas e mantêm uma metodologia constante de revisão e ajuste, conseguem extrair o máximo valor da nuvem sem surpresas negativas.

Conhecer e resolver erros comuns evita desvios perigosos, enquanto as boas práticas criam um ambiente sustentável e eficiente.

CAPÍTULO 25. ESTUDOS DE CASO

Estudos de caso são fundamentais para transformar teoria em prática, mostrando como arquiteturas complexas podem ser implementadas, quais desafios aparecem no caminho e quais lições podem ser extraídas para projetos futuros. Quando aplicamos Terraform a projetos de larga escala, especialmente em cenários multi-cloud, a experiência prática se torna ainda mais relevante. Apresentaremos, neste momento, dois estudos emblemáticos: o deploy multi-cloud com Terraform e o projeto completo DataExtreme. .

1. Deploy multi-cloud

O deploy multi-cloud com Terraform combina recursos de provedores como AWS, Google Cloud e Azure em uma única arquitetura integrada. Essa abordagem atende demandas de alta disponibilidade global, mitigação de risco de vendor lock-in e compliance regulatório em diferentes regiões.

Objetivos do Caso:

- Provisionar VPCs em AWS, GCP e Azure.

- Configurar balanceadores globais de carga.

- Distribuir workloads em diferentes nuvens.

- Centralizar o monitoramento.

Arquitetura:

- **AWS** → EC2 para processamento e S3 para storage.

- **Google Cloud** → GKE para container orchestration.

- **Azure** → Azure SQL para banco de dados gerenciado.

Exemplo de Código Terraform:

hcl

```hcl
provider "aws" {
  region = "us-east-1"
}

provider "google" {
  region = "us-central1"
}

provider "azurerm" {
  features {}
}

# AWS EC2
resource "aws_instance" "web" {
  ami           = "ami-0c55b159cbfafe1f0"
  instance_type = "t3.micro"
}

# Google GKE
```

```
resource "google_container_cluster" "primary" {
  name     = "gke-cluster"
  location = "us-central1"
  initial_node_count = 3
}


# Azure SQL
resource "azurerm_mssql_server" "main" {
  name                = "sqlserver-multicloud"
  resource_group_name = "rg"
  location            = "East US"
  version             = "12.0"
  administrator_login = "adminuser"
  administrator_login_password = var.sql_password
}
```

Resultados:

- Recursos provisionados com consistência entre nuvens.

- Operação unificada com backend remoto.

- Monitoramento integrado via Prometheus e Grafana.

2.   Projeto DataExtreme

O projeto DataExtreme foi desenhado para orquestrar pipelines de dados massivos em cloud, integrando coleta, processamento, análise e visualização.

Objetivos do caso:

- Provisionar pipelines ETL automáticos.

- Integrar Airflow, Spark e BigQuery.

- Garantir escalabilidade e alta disponibilidade.

- Reduzir custos com arquitetura otimizada.

Componentes provisionados:

- **GCP** → BigQuery e Cloud Storage.

- **AWS** → EMR com Spark.

- **Azure** → Airflow com Azure Kubernetes Service (AKS).

Fluxo de execução:

1. Airflow no AKS agenda pipelines.

2. Spark no EMR processa dados.

3. BigQuery armazena resultados.

4. Grafana conecta ao BigQuery para visualização em tempo real.

Código Terraform:

hcl

```
# Google BigQuery
resource "google_bigquery_dataset" "dataset" {
  dataset_id = "dataextreme"
```

```
  location   = "US"
}


# AWS EMR
resource "aws_emr_cluster" "emr_cluster" {
  name        = "emr-dataextreme"
  release_label = "emr-6.3.0"
  applications  = ["Spark"]
}


# Azure AKS
resource "azurerm_kubernetes_cluster" "aks" {
  name            = "aks-airflow"
  location        = "East US"
  resource_group_name = "rg"
  dns_prefix      = "airflow"
}
```

Resultados:

- Redução de 35% nos custos computacionais.

- Processamento de 10 TB/dia com 99,9% de disponibilidade.

- Pipelines rastreáveis de ponta a ponta.

Lições aprendidas:

- A importância do backend remoto: sem backend remoto, a gestão multi-cloud é impraticável.

- Necessidade de modularização: módulos reaproveitáveis reduzem tempo de deploy e erros.

- Uso disciplinado de tags e labels: fundamental para análise de custos e troubleshooting.

- Automação de testes e linting: essencial para manter qualidade no código em ambientes multi-time.

- Monitoramento proativo: antecipar problemas reduz impactos e evita incidentes críticos.

Resolução de Erros Comuns

Erro: Provider authentication failure
Solução: Configure variáveis de ambiente, perfis ou use cofres de segredo.

Erro: State locking conflicts
Solução: Habilite locking no backend remoto.

Erro: Resource name conflicts
Solução: Use variáveis e suffixes dinâmicos no código.

Erro: Cross-provider dependency issues
Solução: Configure depends_on corretamente.

Erro: Cost overruns due to drift
Solução: Execute terraform refresh e evite alterações fora do código.

Boas Práticas

- Divida ambientes (dev, stage, prod) com workspaces ou diretórios.

- Padronize nomes de módulos, variáveis e outputs.

- Automatize validação com terraform validate e linting com tflint.

- Use pipelines CI/CD para orquestrar multi-cloud.

- Adote backend remoto com locking habilitado.

Resumo Estratégico

Estudos de caso como o deploy multi-cloud e o projeto DataExtreme mostram que Terraform vai muito além do simples provisionamento: ele transforma a forma como times operam em ambientes globais, complexos e interdependentes. A capacidade de criar, modularizar e gerenciar ambientes heterogêneos com consistência oferece não apenas eficiência técnica, mas também uma vantagem competitiva estratégica.

CONCLUSÃO FINAL

Ao longo desta jornada de aprendizado sobre Terraform, exploramos uma trajetória que foi do básico ao avançado, cobrindo temas que preparam qualquer profissional para enfrentar os desafios da infraestrutura moderna com confiança, organização e precisão. Consolidar esses conceitos, capítulo a capítulo, permite não apenas fixar o conhecimento, mas também entender como cada peça se encaixa em um grande ecossistema de automação e eficiência.

Iniciamos com uma introdução fundamental ao Terraform, entendendo o que ele representa dentro do conceito de Infrastructure as Code (IaC). Esse início foi essencial para reconhecer os benefícios e os casos de uso que justificam a adoção dessa ferramenta poderosa, situando-a no contexto das demandas corporativas e operacionais. Exploramos também o ecossistema que cerca o Terraform, reconhecendo que ele não opera isoladamente, mas como parte de uma engrenagem que conecta equipes de operações, desenvolvimento e negócios.

Passamos, em seguida, para o processo de instalação, com atenção ao download correto, configuração no PATH e execução do primeiro comando. Essa etapa foi fundamental para que qualquer iniciante conseguisse colocar a ferramenta para funcionar no ambiente local, ganhando familiaridade com os primeiros comandos e consolidando a confiança necessária para avançar.

Com a base estabelecida, nos aprofundamos nos conceitos fundamentais: providers, resources, variables e outputs. Essa camada teórica forneceu o entendimento sobre como os componentes básicos se relacionam e como formam a espinha dorsal de qualquer infraestrutura criada com Terraform. Discutimos também modules e state, reforçando a importância do ciclo básico de execução e da preservação do estado para garantir consistência e previsibilidade nos ambientes.

O primeiro script Terraform marcou um ponto de virada prático: aprendemos a estruturar arquivos .tf, usar comandos essenciais como init, plan, apply e destroy, validar scripts e corrigir erros comuns. Esse momento de prática consolidou os conceitos anteriores e abriu portas para experimentações mais elaboradas.

As variáveis e outputs entraram em cena para trazer flexibilidade e dinamismo. Estudamos os diferentes tipos de variáveis, a reutilização de outputs e a importância de variáveis externas, sempre com atenção à organização e clareza no código. A partir daí, introduzimos os modules, abordando a criação, reutilização entre projetos e exemplos práticos, reforçando a importância da modularização para projetos escaláveis e de fácil manutenção.

O gerenciamento de state revelou o valor crítico do estado em projetos colaborativos, destacando a diferença entre local state e remote state, o papel dos backends, o uso de locking e a atenção necessária à segurança do state, já que ele contém informações sensíveis.

Avançamos para a integração com provedores de nuvem, começando pela AWS, onde exploramos a configuração de providers, deploy de EC2, S3, RDS e práticas de autenticação segura. Em seguida, abordamos a integração com Azure, configurando providers, implantando VMs, Blob Storage, SQL e discutindo o gerenciamento seguro de chaves. A integração com Google Cloud permitiu consolidar o aprendizado, mostrando a configuração de Compute Engine, Cloud Storage e BigQuery, além da autenticação via service account.

No provisionamento de redes, aprendemos a configurar VPCs, subnets, regras de firewall, ambientes cross-cloud e balanceamento de carga, elementos essenciais para garantir alta disponibilidade e segurança. O provisionamento de storage trouxe buckets, volumes e snapshots, além de políticas de acesso e cenários multi-cloud, mostrando como o armazenamento deve ser cuidadosamente planejado para performance e economia.

O capítulo sobre bancos de dados abordou o deploy de PostgreSQL e MySQL, configuração de backups, criação de usuários e permissões, ampliando a capacidade de gerenciar dados de maneira segura e confiável. O deploy de clusters Kubernetes introduziu o provisionamento de clusters, configuração automática, integração com Helm e mostrou como orquestrar aplicações em grande escala.

Com pipelines Airflow, entendemos como orquestrar workflows complexos, configurar DAGs e integrar monitoramento. A introdução do MLflow para MLOps demonstrou como gerenciar experimentos, pipelines e modelos em machine learning, integrando ciência de dados ao ciclo de automação.

A automação com CI/CD foi tratada em profundidade com GitHub Actions e GitLab CI, discutindo a construção de pipelines Terraform, automação de testes e estratégias para deploy contínuo. No campo da segurança e compliance, abordamos policies, roles, linting, proteção de dados sensíveis e como manter operações seguras e alinhadas a boas práticas regulatórias.

O monitoramento com Prometheus e Grafana destacou a importância de exporters, dashboards e alertas automáticos para manter a saúde operacional dos ambientes, enquanto a integração com Ansible mostrou como Terraform e Ansible se complementam, permitindo provisionamento e configuração em um fluxo contínuo. A integração com Jenkins detalhou pipelines declarativos, integração CI/CD e exemplos reais, preparando equipes para entregar mudanças rápidas e controladas.

No diagnóstico e debug, aprendemos a habilitar debug logs,

analisar falhas, usar ferramentas externas e resolver erros de forma estruturada. Escalabilidade e performance abordaram tuning de scripts, modularização eficiente, gerenciamento paralelo e estratégias para lidar com ambientes de alta complexidade.

Otimização de custos na nuvem foi um capítulo crucial para alinhar operações a resultados financeiros, ensinando análise de custos, uso de tags e labels, recomendações práticas e ferramentas para controlar gastos. Finalizamos com estudos de caso, destacando o deploy multi-cloud e o projeto DataExtreme, extraindo lições valiosas sobre backend remoto, modularização, tagging, automação de testes e monitoramento proativo.

Direções Futuras

O avanço da automação com Terraform está longe de um ponto final. As direções futuras apontam para integrações ainda mais sofisticadas com inteligência artificial, pipelines self-healing, arquiteturas serverless e edge computing, além do uso crescente de ferramentas que oferecem policy as code para reforçar segurança e compliance. Equipes devem se preparar para lidar com ambientes cada vez mais distribuídos, mutáveis e híbridos, fortalecendo práticas de versionamento, testes automatizados e colaboração contínua. Continuar evoluindo não significa apenas dominar ferramentas novas, mas aprofundar a mentalidade DevOps, a cultura de melhoria constante e a integração entre tecnologia e propósito de negócio.

Recomendações Finais

Trabalhar com Terraform é muito mais do que escrever código. Requer disciplina, cuidado com os detalhes, atenção às dependências e compromisso com a qualidade. Cada projeto bem-sucedido nasce do alinhamento entre pessoas, processos e ferramentas. Recomenda-se documentar todas as etapas, revisar constantemente a arquitetura e manter uma postura proativa diante de mudanças no ambiente. O aprendizado nunca termina, e cada novo projeto é uma oportunidade para refinar padrões, testar ideias e fortalecer o ecossistema técnico.

Ao leitor que percorreu esta jornada: muito obrigado por sua dedicação, paciência e curiosidade. Cada página foi escrita com o objetivo de oferecer clareza, utilidade e inspiração para transformar o trabalho diário em algo mais eficiente, seguro e estratégico. Espero que este conteúdo tenha agregado valor real à sua prática, despertando novas ideias e fortalecendo sua confiança na arte de construir infraestrutura como código.

Cordialmente,
Diego Rodrigues & Equipe!

www.ingramcontent.com/pod-product-compliance
Lightning Source LLC
LaVergne TN
LVHW051230050326
832903LV00028B/2319